HENRIETTE D'ENTRAGUES

ET

SON VŒU SINGULIER

A NOTRE-DAME DE CLÉRY

PAR

L. JARRY

Membre de la Société de l'Histoire de France

Correspondant du Ministère de l'Instruction publique

ORLÉANS

H. HERLUISON, Libraire-Éditeur

17, Rue Jeanne-d'Arc, 17

—

1897

HENRIETTE D'ENTRAGUES

ET

SON VŒU SINGULIER

A NOTRE-DAME DE CLÉRY

(Extrait du *Bulletin de la Société d'Agriculture, Sciences, Belles-Lettres et Arts d'Orléans*).

HENRIETTE D'ENTRAGUES

ET

SON VŒU SINGULIER

A NOTRE-DAME DE CLÉRY

PAR

L. JARRY

Membre de la Société de l'Histoire de France
Correspondant du Ministère de l'Instruction publique

ORLÉANS

H. HERLUISON, Libraire-Éditeur

17, Rue Jeanne-d'Arc, 17

1897

I. — Catherine-Henriette d'Entragues, à vingt ans.

HENRIETTE D'ENTRAGUES

ET

SON VŒU SINGULIER

A NOTRE-DAME DE CLÉRY

I.

LE CARACTÈRE D'HENRI IV DANS LA VIE PRIVÉE.

L'existence politique, guerrière et diplomatique, de notre roi Henri IV n'est qu'une longue suite de luttes et de péripéties, où sa souplesse, son courage, son énergie se déploient dans toute leur ampleur. On peut dire que c'est une brillante carrière royale, et qualifier ainsi ce prince en trois mots : un habile politique, un parfait homme de guerre, un fin diplomate.

Doit-on porter le même jugement sur la vie privée et tout à fait intime du Béarnais? La réponse semble à peine douteuse. Ce n'est pas à ce sujet qu'il faudrait mettre en avant les grands principes de la morale, ou même de la dignité personnelle; certainement ils n'ont rien à y voir, pas plus au XVI* siècle sur son déclin que durant les deux cents ans qui précèdent. Le sensualisme brutal, propagé par la vie des camps et les hasards de la guerre, s'y affranchit de tout contrepoids et de tout frein, grâce à la décadence des idées religieuses et à la prétendue tolérance de la Réforme.

Il emprunte bien, pour les grands, quelque vernis litté-
raire et certaine grâce païenne à l'expansion de la Renais-
sance, et se voile d'une apparence de raffinement à la cour
élégante des derniers Valois. Mais, de quelque déguise-
ment qu'il se pare, c'est toujours le sensualisme; et il y
règne encore en maître incontesté.

A respirer l'air vicié de cette cour des Valois, les pas-
sions impérieuses du jeune prince de Navarre s'accom-
modèrent parfaitement de la galanterie dominante, dont
Catherine de Médicis n'hésitait pas à faire le séduisant
auxiliaire de ses multiples combinaisons. Il se montra trop
fidèle et fervent imitateur des dieux du paganisme, qu'il
n'abjura jamais, et de Mars en particulier, dont les poètes
d'alors chantaient à l'envi et sur des modes variés les
exploits, et surtout les amours avec Vénus.

D'ailleurs l'unique chaîne est insuffisante au Vert-Galant
de la vieille chanson. S'il ne trouve pas le bonheur, beaucoup par sa faute, dans ses deux mariages, sous prétexte
de le poursuivre, son cœur infidèle et prompt à s'enflam-
mer s'ouvre à de fréquentes consolations. Cependant il est
facile de constater que ce rusé politique, cet habile diplomate devint, à peu d'exceptions près, la dupe et la victime
de celles qu'il croyait tromper.

Les qualités maîtresses qui viennent d'être citées, la
souplesse, le courage, l'énergie, le trahissent en effet tour
à tour; la passion l'aveugle. Tacticien et stratégiste con-
sommé à l'ordinaire, il sait au mieux dresser une embus-
cade et brusquer l'attaque d'une citadelle mal défendue
au pays du Tendre; mais il méconnaît l'art de garder une
conquête, de maîtriser et de charmer ce qu'il s'est sou-
mis (1). On ne rencontre guère qu'un bouillant officier de
fortune là où il faudrait un sage et prudent général d'ar-

(1) Gabrielle d'Estrées fait seule une brillante exception; aussi son
nom usurpe-t-il la gloire de rester toujours uni à celui d'Henri.

mée ; si toutefois la sagesse et la prudence sont d'usage en
pareille occasion. Peut-être, au surplus, satisfait du premier effort et dédaigneux de lauriers ou de myrtes trop
facilement coupés, songe-t-il à rechercher déjà de nouvelles victoires?

C'est à l'infini que se multiplieraient les témoignages de
cette perpétuelle défaillance d'un grand roi, si l'on prétendait marcher sur les brisées de Brantôme, de Bussy-
Rabutin ou de Tallement des Réaux : nous n'aurons pas
ce courage. Il nous suffira d'en trouver la plus convain-
cante des preuves dans les *Lettres missives d'Henri IV,*
où il revit tout entier (1), et aussi dans les *Négociations
diplomatiques de la France avec la Toscane,* dont l'ambassadeur est toujours un de ces Italiens à l'esprit fin et
délié, qui n'ignorent quelque chose ni du pays d'où ils
viennent ni de cel i où ils vont.

Là est la trame, le fond même du récit, non pas d'une
aventure galante d'Henri IV, ce serait trop banal; mais de
son dernier et plus tenace caprice, un délire amoureux
trop durable et sans excuse pour Henriette-Catherine de
Balzac d'Entragues. Celle-ci ne se livre, au contraire, qu'à
une longue intrigue, ne se prête qu'à un ignoble marché
où l'intérêt, sans même la passion, paraît seul en jeu. Elle
n'est pas, en effet, de la race d'une tendre La Vallière
éperdument éprise d'un jeune et beau prince, dont elle
possédera tout le cœur sans prétendre à la couronne.

Henriette se fût bien hardiment moquée de ce juvénile
entraînement. Cette jeune fille, si l'on ose profaner ce nom,
mêlant dans ses veines le sang des d'Entragues et des
Touchet, formait un parfait composé d'avarice et d'ambition, d'impudeur et de vanité, de ruse et de trahison.
Chassant de race, elle suppute, à l'école de ses parents,

(1) Le style en est alerte, précis et spirituel comme celui de Louis XI,
mais coloré d'une pointe de rondeur et de malice plutôt bienveillante.

combien vaut à juste prix l'honneur d'une fille de Marie
Touchet ; et comment il faut s'y prendre pour séduire, ou
plutôt affoler un homme passionné, quoique déjà vieux et
point trop plaisant, faible surtout avec les femmes, au
point de l'amener à des engagements compromettants pour
l'honneur du roi et dangereux pour la sécurité même de la
France.

Cette liaison est un roman presque tout orléanais, à
son début, tant par le nom de quelques-uns des personnages que par les endroits où se passe l'action. Voilà ce qui
nous y arrête, et aussi que, avec les précieux volumes
de la collection des *Documents inédits*, certaines pièces
curieuses, nouvellement découvertes à Orléans et à Cléry,
nous permettent de connaître désormais, sous ses faces les
plus diverses, le méprisable caractère de la courtisane
sans vergogne qui portait le nom d'Henriette d'Entragues.
Ces actes donnent la preuve qu'elle eut, dans les préliminaires ou les suites d'une chute aussi froidement cal-
culée et consentie que savamment retardée, la sacrilège
audace de prétendre gagner à des desseins inavouables la
plus pure de toutes les vierges, révérée dans l'Orléanais
sous l'invocation de Notre-Dame de Cléry.

<h2 style="text-align:center">II</h2>

CORISANDE D'ANDOINS ET GABRIELLE D'ESTRÉES

Parmi les cinquante-six maîtresses d'Henri IV, un
nombre connu mais certainement inférieur à la réalité,
il en est trois qui émergent au-dessus des vulgaires aven-
tures où il se gaspille et, tour à tour, durant quelque
trente années, se partagent et dominent presque également
sa vie : Corisande d'Andoins, Gabrielle d'Estrées, Henriette
d'Entragues. Le caractère et l'influence respective de ces

trois femmes, l'attitude changeante du prince avec chacune d'elles, se nuancent et s'accentuent dans les détails de sa piquante correspondance.

Le jeune Béarnais s'affranchit rapidement de la tutelle sévère où le tenait l'Orléanais Florent Chrestien, son précepteur. Excité par l'air vif de ses montagnes, il était plus apte à la vie active qu'à l'étude, et prêt à tout quitter pour une expédition hasardeuse ou une chasse mouvementée. La fortune, ou plutôt le manque de fortune, la bravoure et l'ambition le servirent à souhait. Il rencontra, dans ses courses d'aventureux capitaine, une jeune veuve ardente et primesautière comme lui, Diane de Grammont, qui reçut franchement ses hommages, s'enthousiasma de ses projets et encouragea ses espoirs. Pendant les années de lutte, ce fut l'amie dévouée et secourable, la confidente, la conseillère des bons et des mauvais jours. Henri, dans ses lettres surtout politiques, ne perd pas le temps à se répandre en plaintes amoureuses, il lui rend compte de ses démarches, lui communique ses intentions, lui narre gaiement ses prouesses.

Il traite respectueusement et courtoisement sa maîtresse en grande dame, presque en reine ; c'est une passion jeune, tendre, chevaleresque, basée sur l'estime et la confiance réciproques. Aussi, lorsque la comtesse de Grammont voit trembler la flamme capricieuse et pressent qu'un astre nouveau fera pâlir son éclat, dédaigneuse de descendre, elle met toute sa fierté, non pas à poursuivre un cœur qui va peut-être se dérober, mais à se reprendre dignement elle-même.

L'infidèle ami s'était violemment épris de Gabrielle d'Estrées, plus belle, plus jeune et plus gaie, moins altière aussi, que la comtesse de Grammont. Le grand maître de l'artillerie donnait du reste à sa fille une éducation virile, en rapport avec sa destinée, que l'honnête père ne soupçonnait pas et qu'il s'efforcera d'entraver. Toute jeune, elle montait des chevaux de race et s'habituait à tirer l'arquebuse ; si bien qu'à la chasse, vêtue d'habits d'homme, elle suivit volontiers et sans fatigue son royal amant.

Comme il avait agi pour sa première maîtresse, Henri tint Gabrielle au courant de sa politique et de ses campagnes. Mais ici la passion s'échappe déjà, dans ses lettres, en expressions ardentes dont Corisande n'eût point toléré la licence.

Le succès couronna promptement roi de France celui qui en possédait tous les droits. Alors commence la vie large, facile, voluptueuse. La période d'une jeunesse héroïque est achevée ; celle de la maturité triomphante s'ouvre. Las des combats, prématurément vieilli par toute une vie de fatigues et d'intrigues, le roi n'aspirait qu'au bien-être et au repos. Tandis que la France, jouissant enfin de la pacification politique et religieuse, se prosterne aux pieds de celui qui l'a délivrée du joug menaçant de l'étranger, et auquel elle se dispose à pardonner bien des faiblesses, le vainqueur et le libérateur se met aux genoux de la charmante Gabrielle et s'en fait l'esclave. Cet esclavage, tout indigne qu'il fût, n'en était pas moins doux pour un épicurien tel que le roi Henri.

La rayonnante beauté de sa jeune maîtresse brillait d'un éclat qui flattait sa sensualité et qui eût tenté le pinceau d'un Véronèse ou d'un Rubens. Avec ses cheveux d'un rare blond doré, ses traits enjoués, son teint admirable et sa taille d'une suprême élégance, Gabrielle soutenait un grand air de dignité, presque de décence. Ce qui était plus précieux encore, sa bienveillance naturelle, son caractère agréable et gracieux pour tous, la firent adorer. Cette égalité d'humeur et l'absence apparente d'ambition lui concilièrent les partis opposés, puisqu'elle comptait d'honorables et solides amitiés parmi les protestants aussi bien que près des catholiques. Comme, d'ailleurs, Gabrielle savait fixer un cœur jadis réputé des plus volages, tout en elle respirait et inspirait la paix.

Henri, de son côté, peu fait à un intérieur tranquille — ni la turbulente et infidèle reine Margot, ni la fière et jalouse Corisande ne l'avaient jamais gâté sur ce point — Henri jouissait donc aussi d'un bonheur sans mélange ; la naissance de beaux enfants, dont il fut toujours idolâtre, y mit le comble. Médiocrement scrupuleux, dépourvu même de tout sens moral à certains égards, il escompte les profits de cette paternité sans en calculer les dangers ni les conséquences. Légitimer des bâtards doublement, puis simplement adultérins, faire casser le court mariage de Gabrielle et le sien, épouser sa maîtresse, la mettre sur le trône de France : c'était un scandale énorme et cela ne semblait pourtant au souverain maître qu'un jeu (1). Pensait-il seulement, à supposer les suites du mariage aussi fécondes que celles des amours illégitimes, aux terribles embarras que créerait pour la succession au trône, qu'il prétendait assurer, la situation moralement très inégale des premiers enfants ? Non pas ; tout devait s'arranger au gré des illusions dont se berçaient deux amants qui se regardaient comme époux déjà, et que la moindre séparation attristait profondément : le réveil n'en serait que plus affreux !

Dans son « Journal de ma vie (2) », Bassompierre, que sa gaîté, son esprit hardi et plein de verve, son amour du jeu et de la galanterie, avaient mis de prime abord fort avant dans la familiarité du prince, rapporte qu'Henri IV

(1) Les *Mémoires de Cheverny* semblent plaider, sur ce point, les circonstances atténuantes. Sur l'instigation de Gabrielle, un médecin du roi lui aurait reconnu certaine indisposition qui pouvait le rendre « moins habile à avoir des enfants ». C'est un diagnostic largement démenti par les événements.

(2) Édition de la Société de l'histoire de France, I, p. 71.

lui confia le soin de conduire sa maîtresse à Paris où elle voulait passer les fêtes de Pâques et faire ses couches dans la maison de Zamet, le banquier complaisant. Ils ne devaient plus jamais se revoir. Prise de violentes douleurs, Gabrielle y met au monde un enfant sans vie et succombe elle-même au milieu d'atroces convulsions qui rendent ses traits méconnaissables. L'impitoyable mort prit ainsi traîtreusement cette fleur de beauté, cette reine de grâce impuissante à la désarmer par son joli sourire.

On a tenté, comme toujours pour ces décès rapides, des explications aussi singulières que variées : la magie, l'annonce imprévue du mariage du roi et de Marie de Médicis, un pacte avec le démon pour épouser Henri, et surtout le poison. M. Loiseleur, étudiant à nouveau le problème (1), présente une conclusion qui semble plus naturelle et mieux admissible, celle de la mort produite par les convulsions puerpérales.

Bassompierre et d'Ornano courent au-devant du roi pour l'empêcher de venir à Paris et annoncer prématurément la triste nouvelle, ce qui lui fit faire de grandes lamentations. Ils le ramenèrent à Fontainebleau d'où il congédia tous les courtisans, sauf quelques familiers entre autres le même Bassompierre, lui disant : « Vous avez été le dernier auprès de ma maîtresse; demeurez aussi auprès de moi pour m'en entretenir ». Pendant huit ou dix jours, confiné dans son chagrin, il reçut de rares visites de condoléance et une bien touchante lettre de sa sœur, Catherine, duchesse de Bar. Une phrase célèbre de la réponse qu'il lui envoie, le 15 avril, est à retenir : « Mon affliction est aussi incomparable que le sujet qui me la donne; les regrets et les plaintes m'accompagneront jusqu'au tombeau... La racine de mon amour est morte, elle ne rejettera plus ».

(1) *Questions historiques du* xviie *siècle* : La mort de Gabrielle d'Estrées. Didier, 1873, in-8.

On doit croire à la sincérité d'une pareille douleur. Henri, pourtant, était de ces âmes sensibles qui passent rapidement par les extrêmes, comparable en ce point à un grand enfant volontaire, passionné, impressionnable, mais aussi prompt à oublier qu'à subir les impressions; par dessus tout, désireux des poupées qui s'offraient à lui et goûtant avidement, en franc gascon, à toutes les distractions même frelatées qui le tentaient. Ce véritable Don Juan, épris de toutes les femmes, croyait ne plus sentir battre son cœur, dès qu'il cessait d'aimer. C est le faible de cet homme vraiment fort qu'une passion tellement indéracinable, toujours prête à pousser des rejets, quoi qu'il en écrivît.

Aussi le lorrain Bassompierre, un témoin qui n'est pas suspect, termine-t-il son récit de la mort de Gabrielle par ce trait inattendu : « Mais peu de jours se passèrent sans qu'il commençât une nouvelle pratique d'amour avecques Mlle d'Entragues ».

Pour bien éclairer l'origine, le développement et l'explosion finale de cette folle passion du Béarnais, l'éclat des beaux yeux d'Henriette suffit à peine. Il faut savoir encore quels secrets ressorts les animent, quels conseils pervers modifient leur expression tour à tour naïve, enchanteresse, caressante, pleine de promesses; puis brusquement réservée, froide, sévère et même irritée; pour changer encore. C'est-à-dire qu'afin de saisir le jeu et les basses manœuvres de toute cette famille d'Entragues, il est utile de la parfaitement connaître et à sa juste valeur.

III

LA FAMILLE DE BALZAC D'ENTRAGUES.

François de Balzac d'Entragues (1), seigneur de Males-

(1) Quelques auteurs écrivent à tort : Antragues ; mais il signait ainsi : Entraigues.

herbes et de Marcoussis, issu d'une vieille famille de noblesse militaire, était, en 1567, pour ne pas remonter au-delà, commandant de cinquante hommes d'armes des ordonnances du roi (1).

La même année 1567, Groslot livrait à La Noue la ville d'Orléans, où le prince de Condé régnait en maître, et laissait commettre en son nom tous les excès par ses coreligionnaires. Sous lui, de Boucart, de Vallainville et d'Esternay se succèdent au gouvernement de la ville et du duché; puis cette seconde guerre de religion se termine par le traité de Longjumeau, le 23 mars 1568. De Cossé devient alors gouverneur de l'Orléanais pour le roi, et d'Entragues, nommé de même à Chartres et mal accueilli par la duchesse Renée de Ferrare, est transféré au gouvernement d'Orléans. Un de ses premiers actes, le roi voulant y affermir son autorité, fut de recevoir le serment de fidélité des huguenots orléanais. Parmi les premiers, le 8 août 1568, on trouve le nom du lieutenant particulier du bailliage, Jean Touchet, le futur beau-père du gouverneur.

D'Entragues reste en fonctions à la triste époque de la Saint-Barthélémy. On peut même croire qu'il ne fut pas étranger au massacre dans notre ville, puisque, le 28 août 1572, on payait le voyage d'émissaires à Paris « pour porter des lettres au roy, au maréchal de Cossé et à M. d'Entragues, pour entendre de S. M. ce qu'il y avoit à faire contre ceulx de la prétendue religion (2) ». On pressent ce que cela cache !

Dans les années suivantes, d'Entragues est chargé de missions ou réside soit à la cour, soit à Orléans et à Beaugency qu'il fortifie contre les coups de main des protestants. Pour reconnaître ses services, la ville d'Orléans envoie à Marcoussis, en juillet 1576, « dix poinçons de vin, un

(1) *Bibl. nat.* mss. Clairambault, vol. 139.
(2) *Comptes de la ville d'Orléans.*

coffre de bahut, un lit de camp, une poche où sont plusieurs meubles et une robe mise en une toilette noire avec lettres adressantes à Mme d'Entragues (1) ». C'était sa première femme, Jacqueline de Rohan. Bien que royaliste, François de Balzac était familier des Guises, ainsi que son frère Charles, dit le bel Entraguet, célèbre par le duel avec les mignons du roi dont les vainqueurs furent protégés par Guise contre le ressentiment d'Henri III. Ce roi, pour s'opposer aux progrès du protestantisme, avait approuvé les articles de la Ligue naissante, et d'Entragues, suivant ses instructions, en avait aidé les débuts à Orléans et à Pithiviers.

L'année 1578 marque le second mariage de François d'Entragues avec Marie Touchet et son élévation au rang des chevaliers du Saint-Esprit, dès la première promotion. En mars 1582, à la mort du maréchal de Cossé, Cheverny est nommé gouverneur de l'Orléanais; mais d'Entragues reste lieutenant-général pour le roi, bailli et gouverneur de la ville. Il s'installe à l'hôtel Groslot où il fait de longs séjours avec sa femme et ses enfants qui reçoivent des échevins de nombreux présents de vin et de cotignac.

Cependant le désaccord du roi avec les Guises s'accentue; le premier par conséquent se refroidit fort pour la Ligue. François d'Entragues, nommé pour cela l'*âne de la Ligue*, dans les pamphlets du temps, reste Guisard et, d'accord avec les citoyens, reçoit à coups de canon, le 7 avril 1585, le duc de Montpensier et le maréchal d'Aumont, venus au nom du roi pour le déloger de la citadelle qui commandait la ville. Puis, par une volte-face imprévue, il n'hésite pas à trahir ses protecteurs, ayant le flair d'abandonner la Ligue alors qu'elle semblait si près de triompher. Henri III l'en récompense en le maintenant gouverneur

(1) *Comptes de forteresse*, J. Lefèvre.

d'Orléans, contre le vœu formel de ses échevins et députés (1). Ce n'était plus qu'un poste illusoire, consistant à garder seulement la citadelle de la Porte Bannier, puisqu'Orléans et Bourges étaient cédés à l'Union comme villes de sûreté. *L'intrigant d'Entragues,* suivant un bon mot d'alors, était à Blois auprès du roi à discuter cette cession, lorsque la querelle fut brutalement tranchée par le meurtre des Guises, le 23 décembre 1588. Roscieux, gendre d'Harmonville, maire ligueur d'Orléans, à peine informé de l'événement, fit prendre les armes aux habitants et bloquer la citadelle. Le chevalier d'Aumale, accouru de Paris, la battit avec de l'artillerie montée sur l'église de Saint-Paterne.remplie de terre, la prit et, le 30 janvier 1589, en chassa les troupes royales jusque sur la route de Blois. D'Entragues suivit les fuyards, tandis que Mayenne entrait triomphalement dans Orléans. La Châtre (2) devint, pour la Ligue, gouverneur de l'Orléanais et du Berry, par ordonnance du duc de Mayenne « considérant le peu de moyens qu'il y avait de ranger au parti des catholiques le sieur d'Entragues (3), bailli et lieutenant-général au gouvernement d'Orléans », en attendant que Cheverny se fût

(1) Voici, sur ce sujet, l'explication donnée plus tard par d'Entragues lui-même. « Desniant avoir oncques esté de la Ligue et que ce qu'il fit à Orléans quand le Sr d'Aumont y alla, c'estoit pour se conserver en la place et par apprès fist bien congnoistre qu'il estoit serviteur du roy ». — Procès, Bibl. nat., ms. fr. 4056, fo 235 vo.

(2) Claude de La Châtre, 1536-1614.

(3) Un pamphlet ligueur du temps : *Les articles du dernier testament de Henry de Vallois,* parle ainsi des deux frères :

> Puis d'Antragues et d'Antraguet
> Que l'on les traîne au gibet
> Pour y faire la grimasse,
> Bien que jadis ayent esté
> Gouverneurs de la cité
> D'Orléans qui les menasse.

(*Mémoires-journaux* de P. DE L'ESTOILE, t. IV).

ouvertement déclaré du parti de l'Union. Celui-ci restant au contraire fidèle au roi, La Châtre fut maintenu gouverneur et lieutenant-général d'Orléans, le 26 février 1592. Madame d'Entragues et ses enfants, restés dans la ville, n'eurent pas à s'en plaindre.

Durant ces quatre dernières années, les choses avaient changé de face. Après la surprise de la citadelle d'Orléans, le bailli d'Entragues s'était retiré à Beaugency, comme les administrations royales, le présidial, l'élection et l'université. Capitaine de la petite ville, il en fait une place forte, le poste avancé de l'armée royaliste. Puis, secondé par quelques troupes solides, il lutte avec acharnement contre les Ligueurs, se maintient en communication avec Pithiviers et Jargeau, conquis par Henri de Navarre en juin 1589 et restés fidèles au roi, et empêche les progrès de la confédération entre Orléans, Chartres, Montargis et Rourges. Meung est pris et repris, Orléans menacé par d'Entragues et Beaugency par La Châtre. D'Entragues a pourtant la gloire de conserver sa petite ville à Henri IV qu'il reconnaît franchement héritier de la couronne de France. Il eut au contraire le chagrin, alors que les victoires du Béarnais ramenaient l'opinion, de ne pas contribuer à la réduction d'Orléans dont l'union, en février 1594, fut en grande partie négociée par l'habileté du maréchal de La Châtre, qui reçut le don d'une forte somme d'argent et la promesse de rester gouverneur. François de Balzac ne fut chargé des mêmes fonctions qu'à Pithiviers, minime récompense de ses services; il y faut reconnaître, sans doute, les causes et l'explication de sa conduite dans l'avenir. Lui-même dira, lors du procès de 1604: « A la fin des guerres, le Roy lui osta la charge d'Orléans, sans avoir failly, et la donna pour l'utilité et bien de ses services sans qu'il aye receu ny bien, ny honneur, ny récompense (1). » Les deux rivaux

(1) *Bibl. nat.*, ms. fr. 4056, f° 259 r°.

devaient se rencontrer bientôt sur un tout autre terrain, où d'Entragues l'emporterait à son tour.

Ce qui n'avait pas légèrement contribué à le maintenir dans la fidélité aux rois, ce fut vraisemblablement son second mariage. Veuf, en mai 1578, de Jacqueline de Rohan qui lui laissait plusieurs enfants, il convole, dès le mois d'octobre de la même année, avec la célèbre Marie Touchet (1). Le faible écart entre les deux dates surprend et n'est pas à l'honneur de l'époux : ou bien il se console trop vite d'avoir perdu sa femme et la mère de ses enfants ; ou plutôt, séduit par l'esprit et la beauté de la maîtresse du dernier roi de France, il se flatte de tirer bon profit d'une mésalliance. Nous devons à l'obligeance de notre aimable confrère, M. Emile Huet, la reproduction du tombeau commun de François de Balzac d'Entragues et de sa première femme, Jacqueline de Rohan, à laquelle du reste il tourne le dos. Le monument, dit-il, élevé d'abord au couvent des Cordeliers de Malesherbes, puis ruiné en 1793, fut reconstitué dans la chapelle du château, vers 1860, par le châtelain comte de Châteaubriand.

Fille de Jean Touchet, sieur de Beauvais, lieutenant particulier au bailliage et siège présidial d'Orléans, maître des requêtes du duc d'Alençon, et de Marie Mathys (2), fille elle-même de Pierre Mathys, marchand flamand et

(1) La date du 20 octobre est précisée, pour le contrat, par notre confrère et ami M. H. Stein, qui l'a trouvé et luxeusement publié à l'occasion du mariage d'un de ses camarades. Cette circonstance d'un présent *per nozze* explique peut-être l'extrême indulgence avec laquelle y est apprécié le rôle de Marie Touchet, comme épouse et mère ; rien ne nous engage à la même discrétion.

(2) Nous suivons l'orthographe du contrat de mariage de Jean Touchet, retrouvé chez un notaire d'Orléans. Cet acte, du 29 juin 1549, permettant de rectifier certaines erreurs et notamment de reculer la naissance de Marie Touchet, est inséré aux pièces justificatives, I.

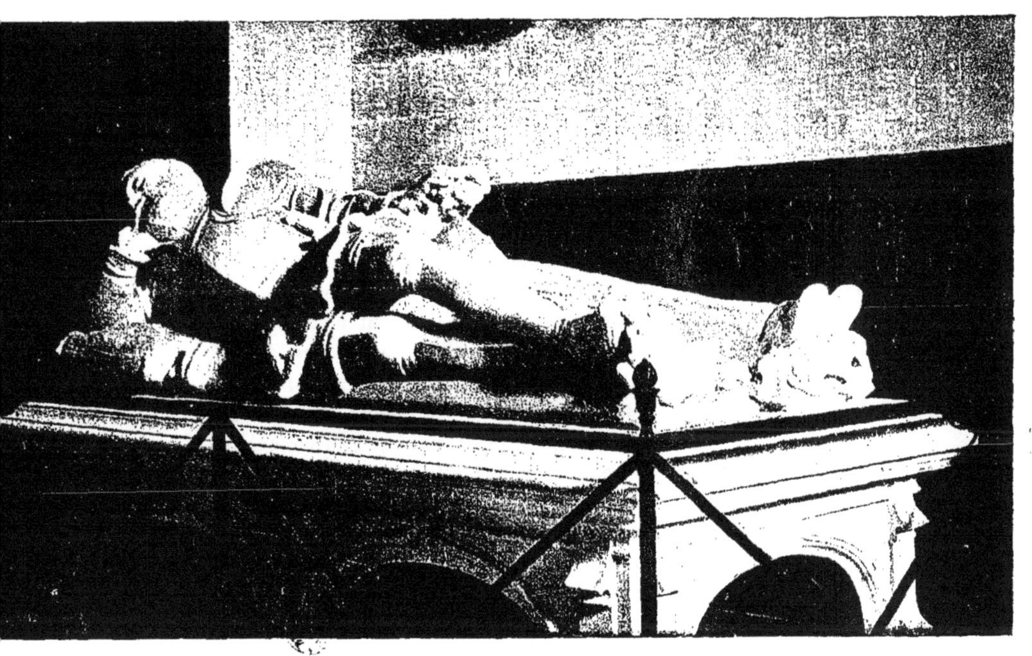

II. — Monument de Fr. d'Entragues et de Jacqueline de Rohan, à Malesherbes

nièce de Laurens Crabbe, médecin du roi, Marie Touchet
naquit à Orléans en 1550. Elle avait donc le même âge
que le roi Charles IX ; c'est à la chasse, dans ses fréquents
déplacements entre Blois et Orléans, que le prince s'en
éprit ; et l'on croit que le couronnement de cette belle
passion eut lieu à Montpipeau. Un fils, Charles de Valois,
plus tard comte d'Auvergne, duc d'Angoulême et grand-
prieur de France, leur naquit au Fayet, en Dauphiné (1),
le 28 avril 1573. Charles IX ne jouit pas longtemps de
ses amours ; on prétend même qu'il en fut victime, sinon
d'excès de chasse, le 30 mai 1574. Demi-veuve du roi,
Marie vécut à Orléans pendant quatre ans dans une demi-
retraite, pour en sortir, elle qui *charmait tout*, par son
mariage avec le gouverneur de la ville qu'elle connaissait
bien, ayant été deux fois marraine avec lui, à l'église
Saint-Michel d'Orléans, les 3 juillet 1574 et 24 avril 1576.
C'étaiten perspective sa rentrée à la cour, un théâtre digne
d'elle, objet de ses cuisants regrets, espoir d'ambitions
encore inassouvies.

Son fils Charles de Valois, qui se laissait volontiers
appeler le *Bâtard d'Orléans* (2), ne partageait pas les
qualités du héros dont il usurpait le glorieux surnom. Il
était brave pourtant, mais d'un caractère faible et indécis.
Homme d'église d'abord, et grand-prieur de France dans
l'ordre de Saint-Jean de Jérusalem, une dispense du pape
l'autorise à quitter cette chevalerie pour le mariage.
Soldat, il sert tour à tour la Ligue, en 1590, comme
colonel de la cavalerie légère des troupes orléanaises, puis
le roi près duquel il se distingue aux journées d'Arques,
d'Ivry et de Fontaine-Française. Naturellement crédule
et plus mal avisé que méchant, ainsi qu'il se qualifie lui-
même, il se laissait exploiter par les conspirateurs et les

(1) Dép. de la Drôme.
(2) Pièces justificatives, II.

intrigants de sa famille maternelle, et abusa plusieurs fois de l'indulgente faiblesse d'Henri IV, qui aimait beaucoup trop ce presque neveu, et l'appelait *l'enfant prodigue ;* mais dans lequel on reconnaît l'étoffe d'un traître aux événements qui vont suivre.

Enfin Marie Touchet, de son union légitime avec d'Entragues, eut plusieurs enfants. Deux filles surtout, vicieuses de tempérament comme leur mère et dressées à son école, atteignirent au même genre de célébrité : Henriette, la future marquise de Verneuil, et Marie, qui prit le nom de maréchale de Bassompierre, comme Charles de Valois celui de Bâtard d'Orléans, avec moins de droits encore (1).

Sans prétendre que la dame de Belleville ait fait embrasser à ses filles, de propos délibéré, la carrière de la galanterie, on peut sans crainte affirmer qu'elle les mit sur le chemin. Une mère vraiment digne de ce nom, édifiée par les écarts de sa jeunesse, eût témoigné son repentir en donnant à ses enfants une éducation capable de les préserver de pareils entraînements. C'était une trop dure contrainte pour une femme encore belle et trop habituée aux adulations, que sa nouvelle situation remettait en pleine lumière, que les fréquents voyages d'Henri III et d'Henri IV dans l'Orléanais mêlèrent de nouveau aux désordres d'une cour dissolue (2). A une existence calme, elle préférait les agitations de l'hôtel Groslot, ou du château de Langeais (3) qu'elle tenait

---

(1) On est donc étonné que les registres d'état civil de la paroisse Saint-Michel d'Orléans, à la date du 27 octobre 1623, où elle est marraine de Marie, fille de Pierre Saichet, magistrat au siège présidial d'Orléans, la désignent ainsi : « Haulte et puissante dame Marie-Charlotte de Balzac, *femme et espouse* de hault et puissant seigneur, Monseigneur de Bassompierre, maréchal de France. »

(2) Les pamphlets ligueurs, publiés par Pierre de l'Estoile, incriminent vivement sa conduite privée.

(3) Aucun souvenir de Marie Touchet ne reste actuellement dans cette belle résidence où fut passé son contrat de mariage, le 24 octobre 1578.

des libéralités de Charles IX, et le grand train de Marcoussis
et de Malesherbes, les riches domaines de son mari.

Ce fut pis encore lorsque Henri IV, rentré dans Paris,
y traite Gabrielle d'Estrées en véritable souveraine, reine
incontestable de grâce, mais aussi de volupté. Les ministres
des plaisirs de sa cour étaient le roi, Bassompierre et une
foule de galants seigneurs de la suite ; les dames et
demoiselles d'honneur y accourent, pas moins nombreuses
qu'alentour de Catherine de Médicis, et pas plus fidèles,
peut-être, au titre de leur charge. C'est dans ce milieu
que François d'Entragues, l'homme le plus décrié pour
sa profonde immoralité, n'eut pas honte de produire sa
femme et ses filles. Henriette, l'aînée, y dansa des branles
toute une nuit du mois d'octobre 1598, aux Tuileries, chez
la future duchesse de Bar, sœur du roi, avec le comte d'Auvergne, onze autres masques et autant de belles dames (1),
en présence de la duchesse de Beaufort. Gabrielle ne se
doutait certes pas que ses applaudissements allaient à celle
qui devait, à brève échéance, la remplacer dans les bonnes
grâces d'Henri IV.

IV

HENRIETTE-CATHERINE D'ENTRAGUES

Henriette-Catherine de Balzac d'Entragues, née à Orléans
en 1579 (2), atteignait sa vingtième année, lorsque mourut
Gabrielle d'Estrées. Il s'en fallait de beaucoup qu'elle fût

(1) *Mémoires de Bassompierre*, t. I, p. 63.

(2) Nous ne pouvons préciser davantage cette date, n'ayant pas
rencontré l'acte de baptême sur les registres de la paroisse Saint-
Michel d'Orléans. Peut-être vit-elle le jour à Langeais, à Malesherbes
ou à Marcoussis ? Dans son interrogatoire du 17 décembre 1604, elle
se dit âgée de vingt-cinq ans et demi. — Bibl. nat. ms. fr. 4056,
f° 209.

comparable à celle-ci, dont nous avons dit l'éclatante et mûre beauté. Henriette n'avait ni les traits, ni le teint, ni le regard de Gabrielle. Alerte, souple et fine (1), elle l'emportait toutefois par sa jeunesse, par la mobilité même de sa physionomie, par une fausse ingénuité cachant une corruption précoce qui se reflétait quand même dans ses yeux bleus et dans ses lèvres minces, par un air vif, intelligent, provocant, par un sourire malin et enjoué. Elle semblait une jolie blonde, elle était surtout séduisante et troublante.

Les représentations d'Henriette de Balzac sont nombreuses, mais il est difficile de juger de leur ressemblance exacte. *Notre confrère, M. H. Herluison, en possède un beau portrait peint à l'huile.* Nous reproduisons deux images, à différents âges, d'après les crayons originaux de la Bibliothèque nationale (2).

Gabrielle montrait un caractère doux et de bonne humeur, toujours égal; Henriette, inconstante et fantasque, n'était jamais la même et se transformait à volonté. De bonne heure façonné aux airs et aux manèges de la cour, ce *bec affilé*, comme parle Sully, en apprend volontiers les usages, en répète avec entrain les bons mots et les bons contes, du langage acéré qu'on prêtait alors à ses compatriotes guépins. Sa causticité lui permettait de soutenir une conversation animée et animante, ainsi qu'on disait au siècle dernier.

Un panégyriste bénévole lui reconnaît, en outre, une instruction solide et variée : « Elle avait employé, dit Hémeri d'Amboise, la vivacité de son esprit divin à la lecture des sacrés cahiers, et avait tous les jours entre les

(1) Cette taille mince, dont elle était fière, ne tarda pas à être envahie par un précoce embonpoint, tout comme chez Corisande et Gabrielle.

(2) Estampes, portraits dessinés, II, Nᵃ 21ᵃ.

III. — La marquise de Verneuil, de 1610 à 1615

mains saint Augustin et semblables auteurs ». A qui ferait-on croire cela? Passe encore dans la vieillesse, si elle se montra touchée de la grâce; mais, au cours des folles années, pour complaire au roi et le tenir en gaîté, il est vraisemblable qu'elle choisit plutôt ses exemples dans les contes de Bocace ou de la reine de Navarre.

Au moins Henri, avec sa bonhomie narquoise, pouvait lui donner la riposte sur ce sujet, d'après sa propre expérience, lorsqu'il voulait se délasser des soucis du pouvoir. Ces soucis même, joints aux fatigues de guerre et d'amour, avaient considérablement vieilli le monarque. Ses portraits modernes lui donnent une belle figure, énergique et chevaleresque; il en est ainsi pour beaucoup de rois, quoique tout autrement dans la réalité. Ainsi le curieux panneau du musée du Louvre, qui représente Charles VII, n'est guère à son avantage; François Ier (1), Henri II même, sont plutôt laids d'après les premiers testons qui portent leur effigie, jusqu'à ce qu'on s'arrête à un type arrangé, convenu, noble et gracieux, reproduit ensuite à l'infini : c'est de l'art officiel. Les nombreux portraits d'Henri IV, gravés à l'époque même, semblent au contraire d'accord avec les quelques détails parsemés dans les écrits contemporains, pour assurer qu'il n'était pas d'aspect séduisant, bien avant d'atteindre le mauvais côté de la quarantaine; or, il comptait près de quarante-six ans, lorsqu'il courtisa Henriette d'Entragues.

Le plein air avait basané son visage déjà plissé de rides précoces; ses yeux vifs et goguenards correspondaient à l'expression d'une bouche sensuelle entourée d'une barbe

(1) En 1533, un sergent de la forêt d'Orléans, du reste assez mal réputé, qui avait vu passer François Ier à Loury, fut menacé de poursuites pour avoir dit, devant témoins, qu'il « estoit le plus lait villain qu'il veit il y a dix ans, et qui croyoit qu'il estoit ladre ou jamais homme ne le fut. » (Minutes d'Antoine Pasquier, étude Garapin).

grisonnante. Quant au nez, d'une fière longueur et recourbé fortement vers le menton, dont les flatteurs ont fait le prototype du nez bourbonien, c'était plutôt celui du capitan de la vieille comédie française, sinon d'un personnage à double bosse fort célèbre dans le théâtre italien.

Tel fut l'amoureux que ses confidents, voyant dans Henriette une diversion utile et jugée à tort peu dangereuse, sollicitèrent de chercher quelque distraction à son grand chagrin. Il n'y était que trop disposé, malgré le deuil pris en noir à Fontainebleau et porté plus de trois mois en violet; et son arithmétique passionnelle devait déjouer tous les calculs de ses courtisans. De suite il dépêche, et souvent, le comte du Lude et Castelnau vers Mlle d'Entragues, rapporte Bassompierre qui devait en savoir quelque chose; nous n'en voulons rien croire. C'est aux parents que s'adressent d'abord de pareils émissaires, quand ces parents se nomment d'Entragues. Il est probable qu'ils allaient simplement reconnaître le terrain : un bon veneur fait d'abord le pied, avant de détourner la bête de chasse.

Une fois les choses préparées, Henri savait se passer de truchement dans ces affaires peu diplomatiques. Mme d'Entragues se trouvant à Malesherbes, le prince y alla goûter quelques jours de repos avec plusieurs jeunes gens de son entourage. Il eut toute liberté, dans ce coin pittoresque du Gâtinais, pour entretenir Henriette qui ne lui était pas étrangère, et qu'il aurait à son aise admirée dans les fêtes et les bals de la cour, si son cœur n'eut pas été captif ailleurs. La jeune fille voulut être aimable et séduisante; elle y réussit pleinement. Ce ne furent pas tant la jeunesse et la nouveauté de l'objet que sa joyeuse humeur et le charme piquant de son commerce qui stimulèrent les désirs du roi. Afin de la voir plus intimement et à toute heure, Henri se rendit au Hallier, château de Louis de L'Hôpital, son capitaine des gardes, et les d'Entragues à Chemault, domaine

de Guillaume Pot, premier écuyer tranchant; Chemault et
Le Hallier sont à une lieue de distance (1). Chacun y mettant de la complaisance, la passion s'enhardit de part et
d'autre. Galant chevalier, le prince se vanta sûrement
d'éprouver quelque apaisement de sa douleur amère dans
la conversation captivante de l'habile fille; celle-ci feignit
d'abord un amour tout désintéressé, dont elle donna de
légères preuves à l'amant peu platonique; il n'en devint
que plus pressant et plus audacieux, mais sans succès.

Avant de procéder à l'attaque en règle et à la fière
défense de l'inexpugnable beauté, des deux parts on dressa
des plans. Ceux du royal séducteur ne sont pas d'une
extrême complication; il les partageait avec ses paysans
galants de la Navarre et ceux aussi de chaque province
française. C'est l'éternel procédé des hommes qui veulent
mettre à mal une pauvre fille : une somme d'argent de suite
et la promesse du mariage avant ou après. Il n'offre de
s'engager que bien après, trop tard même, avec Corisande
d'Andoins, afin de raviver une passion qui ne battait plus
que d'une aile, et avec Gabrielle d'Estrées. Pour elle, ce fut
une vraie marque d'affection, le bonheur d'être père, nous
l'avons dit, et la conception d'un projet politique détestable
dont une mort presque subite rompit seule la réalisation.
Il employait encore, avec les femmes de distinction, un
moyen qui n'est pas à la portée de tous et qui lui réussit
aussi bien que les autres, la concession d'un titre, duché
ou marquisat, affiche officielle de l'établissement d'une
favorite en pied.

Apre au gain, voyant l'affaire bien engagée et le vieux
prétendant fort enflammé, toute la famille d'Entragues,
très au courant des allures du prince, résolut de frapper un

(1) *Le château du Hallier*, par J. Loiseleur (t. XII *de la Société
des sciences, belles-lettres et arts d'Orléans*).

grand coup en bouleversant ses habitudes forcément parcimonieuses, et se concerta pour adopter de son côté le plan dont on ne devait plus se départir.

La fine mouche d'Henriette, dûment stylée, va changer brusquement de stratégie et cesser toute familiarité, se retrancher dans la dignité d'une pudeur offensée, invoquer le soin de son honneur, objecter la susceptibilité chatouilleuse de son père et l'active surveillance de sa mère, et s'y cantonner fortement. En réponse aux instances et aux propositions qui se succèderont, il faut exiger tout, d'abord : bien entendu des faveurs et des places pour chacun ; et, d'un bloc, les trois points : la forte somme, le marquisat et la promesse de mariage par écrit formel.

Hasardeuse partie ! mais l'enjeu en valait la peine, puisque c'était à leur sens bien peu de chose d'un côté et de l'autre le trône de France. Il est vrai qu'en face des Entragues, les partenaires sont Henri IV et Sully. Or Sully dépend du roi et le roi, pense-t-on, se prend dans les filets d'Henriette par l'appât d'un amour sénile, de tous le plus opiniâtre et le moins avare. On comptait sans l'habileté d'un homme expert en matière amoureuse, essentiellement sceptique et défiant, qui cédait promptement à la fougue d'un caractère ou d'un tempérament entreprenant ; mais, à la réflexion, se retournait subtilement, prêt à faire au besoin toutes les concessions et encore mieux à s'en dégager. Et pourtant, avec plus de patience et d'esprit de suite, moins d'avidité et en ayant de son côté la chance, c'était partie gagnée !

Le mois de mai se passe en légères escarmouches, et il semble qu'un refroidissement momentané se soit produit par le fait du brouillon comte d'Auvergne. Les d'Entragues quittent Chemault pour Paris, et le roi se rend du Hallier à Châteauneuf, d'où il gagne Orléans la veille de la Saint-Jean. La maréchale de La Châtre s'y trouvait avec ses deux filles, toutes deux bien belles, observe en passant Bassompierre ; mais Henri IV, plus distrait qu'à l'ordinaire ou attendu par les d'Entragues, ne les regarde même pas et repart en poste à Paris. Peut-être y plaisanta-t-il avec Henriette de quelque coquetterie des dames de La Châtre ? Toujours est-il que, dans son triomphe, la vindicative Verneuil exerça des représailles contre la maréchale, son alliée de vieille date, puisqu'elle avait marié une autre de ses filles, en 1595, avec d'Entragues de Marcoussis. D'ailleurs le roi ne se piquait pas d'une rare fidélité ; Bassompierre en raconte, sur ces entrefaites, les débauches avec la Glaude, une vulgaire courtisane ; et, avec Marie Babou de la Bourdaisière, fille d'honneur de la reine Louise, les amours naissantes qui devaient troubler la faveur déclarée d'Henriette.

Celle-ci rompt le séjour à Paris par une brusque fugue vers Marcoussis, où l'entraînent son père et son frère, à la suite d'un éclat avec le comte du Lude, porte-poulets ou porte-paroles du roi. Ces d'Entragues, les hommes, semblent avoir vécu par avance le personnage si plaisamment mis en scène par un de nos meilleurs écrivains modernes, celui de Monsieur Cardinal, fort pointilleux sur l'honneur, vivant du reste grassement de l'inconduite de ses filles, à la seule condition de paraître l'ignorer et qu'on ne lui en souffle mot. Madame Cardinal, d'autre part, la mère très complaisante et pratique, se fût aussi parfaitement accordée avec Madame d'Entragues.

Cette famille d'intrigants se berçait, somme toute, de vaines illusions, et commit de plus, en maintenant des prétentions exagérées, une lourde faute qui devait mettre en éveil la finesse du roi. Une preuve certainement suffisante que sa passion n'était ni exclusive, on vient de voir qu'il en parsemait des miettes, ni aveugle, sinon en apparence ; c'est que, fausse dupe, il se disposait à jouer tout le monde, et particulièrement trois femmes : tâche toujours ardue.

Il trompait Henriette d'Entragues par ses fantaisies passagères et en acceptant la discussion sur la promesse de mariage qu'il ne comptait pas tenir. Il pensait en effet sérieusement à l'alliance des Médicis, préparée dès 1592 par le cardinal de Gondi, et sans empressement d'abord, à cause de Gabrielle d'Estrées, mais tout récemment poursuivie. La lettre du 31 mai 1599, où Henri IV remercie le grand duc de Toscane de la bonne volonté qu'il témoigne lui porter, en dit long sur le caractère de la reprise.

Il trompait indignement Marie de Médicis, en recherchant légitimement la main de cette jeune princesse bien apparentée, en même temps qu'il négociait sous main un traité déshonnête avec les d'Entragues, race des moins recommandables.

Il trompait enfin la reine Marguerite, sa femme, dont il vivait depuis longtemps séparé, pour bien des motifs, mais qui refusait obstinément le divorce en faveur de Gabrielle, indigne, à son avis, d'occuper son trône. Cependant, persécutée par ses créanciers, elle venait de consentir à ce divorce moyennant le paiement de ses dettes, une dotation princière, la résidence à Paris au lieu de l'exil d'Usson et d'autres avantages, lorsque Gabrielle succomba. Le roi pouvait donc tabler sur une adhésion complète en l'avertissant du projet de mariage avec Marie de Médicis, sans laisser transpirer jusqu'au fond de l'Auvergne les détails de son aventure avec Henriette.

Henri IV voyait celle-ci, par intervalles seulement, à Paris, à Marcoussis, à Malesherbes ; mais il semble que l'été se passe moins en tendres rendez-vous qu'en correspondances dont il avait tout lieu d'être mécontent. Ce n'était guère des lettres d'amour qu'il recevait, plutôt des réclamations, des récriminations, des atermoiements ; on y débat une simple affaire d'intérêt, les conditions d'un loyer, d'une vente à tout dire. Qu'on en juge par le ton des réponses royales.

Il écrit, le 5 octobre 1599, à propos du comte d'Auvergne, pourtant gratifié récemment d'une pension : « Il a l'âme mauvaise » ; et comme Henri ne veut plus traiter avec ces gens-là, il demande à la jeune fille un entretien particulier. Elle répond très sèchement qu'elle ne consent à le recevoir qu'au public ; c'était d'une fille prudente. Le 7 octobre, le roi lui reproche les termes de son refus, l'accusant de n'avoir pas les yeux bien ouverts, ni la conception non plus : « Il faut, écrit-il, laisser ces brusquetés, si vous voulez l'entière possession de mon amour ; car, comme roi et comme gascon, je ne sais pas endurer. Aussi ceux qui aiment parfaitement comme moi veulent être flattés, non rudoyés » ; et il termine ainsi : « Je ne suis pas bien satisfait, je ne le vous puis taire. »

Singulier amoureux, on en conviendra ! singulière amoureuse aussi qui accepte de lui une chienne demandée au connétable pour en « faire les nopces avec son chien » ! D'autres cadeaux plus substantiels, les promesses et les reproches aussi du roi désarmèrent presque l'adversaire, émue déjà de la crainte d'avoir peut-être dépassé le but. Certains résultats acquis la rassuraient pourtant : la terre de Verneuil érigée pour elle en marquisat, le 11 août ; de forts acomptes, sinon la somme convenue de cent mille écus, donnés à Malesherbes ; et, là même, la signature royale apposée au bas de la fameuse promesse de mariage, le 1er octobre. C'étaient là de très appréciables réalités, presque le but atteint. Huit jours après, le Parlement délègue auprès du roi le procureur général de la Guesle pour l'engager à s'unir avec une princesse digne de lui, dès qu'il aurait obtenu la dissolution de son mariage avec Marguerite. Il était facile d'insinuer à la jeune marquise qu'on interprétait cette démarche au gré de sa convoitise, qu'on activait la dissolution et qu'alors on fe ait honneur à la signature.

Bientôt la correspondance s'accélère. Le roi écrit une lettre chaque jour, les 8, 9 et 10 octobre, et deux lettres, les 11, 12, 13 et 14. Mademoiselle d'Entragues, toujours froide en apparence, s'était sûrement montrée moins sévère ; car le style de l'amoureux devient fort égrillard à partir de la seconde épître du 13 octobre. Henri déclare encore là qu'il ne veut plus parler au père, toujours récalcitrant, mais à Henriette seule. Afin de tout aplanir, il tient prêt l'argent pour lui acheter une terre, probablement celle de Beaugency, vivement désirée, et vendue en effet par le maréchal de La Châtre au cours de l'année 1600 (1).

C'était le seul point en litige, les épingles du marché, concession de la dernière heure. Comment une d'Entragues pourrait-elle résister à tant de raisons ? Quels arguments opposer encore ? Henriette, au comble de ses vœux, ne consulte plus qu'elle-même, abandonne la marche cauteleuse convenue en famille et se confie uniquement au roi. Elle lui dépèche, le 14, un personnage nommé Naus, l'homme à tout faire de la famille, muni de ses instructions personnelles.

Le même jour, Henri répond vite, de l'accent le plus passionné. Il est d'accord avec le père et la mère; toutefois, craignant encore quelque embûche, il l'engage à faire croire que tout est comme rompu, et ajoute ces mots indignes d'un roi : « Mais je plierai plutôt que rompre ». Voilà comme déchoit un homme énergique, lorsqu'il cède à

____

(1) Les *Mémoires du chancelier Hurault de Cheverny* (coll. Petitot, vol. XXXVI, p. 396) prétendent à tort que le roi avait donné Beaugency à Henriette « pour la retirer des mains de ses père et mère et la posséder, ce luy sembloit, à son aise ». C'est anticiper ; les dates prouvent que l'achat n'eut lieu qu'au mois d'août 1600.

l'exaltation de désirs inassouvis. Le 15 octobre au matin, c'est encore une information que d'Entragues veut le dissuader de courir à Malesherbes, sous prétexte que les dames viendront à Orléans ; mais, suivant l'accord avec Naus, il part quand même. Le soir, Madame d'Entragues ayant docilement suivi les recommandations de son hôte, la demi-vertu de sa fille capitulait ; succès peu flatteur et trop chèrement payé. Un classique dirait que la promesse de mariage pèsera sur l'amour d'Henri IV comme la tunique de Nessus sur les flancs de l'Hercule antique ; mais c'est bien plutôt cette passion maudite, dont le vieux roi ne pourra et ne voudra jamais plus se défaire. On triomphe surtout dans le clan d'Entragues ; l'honorable famille comptait enfin une autre maîtresse de roi, la fille après la mère, et, l'on peut dire, par ses soins.

V

LA PROMESSE DE MARIAGE ET L'ENFANT D'ARGENT DE CLÉRY

Il nous faut revenir sur la promesse de mariage qu'Henri IV eut la faiblesse ou la duplicité de signer, le 1ᵉʳ octobre 1599. La pièce est connue (1) et encore mieux la scène, plus ou moins authentique, où Sully se fait, comme à l'ordinaire, distribuer le beau rôle et offrir l'encens par des secrétaires complaisants. On se souvient du vif dialogue éclatant avec Rosny, quand le roi lui présente l'engagement en réclamant son avis. Il la déchire en mille pièces : « Voilà, sire, puisqu'il vous plaît le scavoir,

(1) Elle a été maintes fois publiée, notamment dans les *Lettres missives*, et avec les certificats qui l'accompagnèrent à l'époque où d'Entragues fut contraint de la rendre en 1604. Nulle part cependant, l'on n'a édité les bizarres explications fournies en tête de la pièce par le triste personnage ; ce qui nous autorise à publier le même document, tout-à-fait complet, aux pièces justificatives, V.

ce qu'il me semble d'une telle promesse. — Comment morbleu, ce dit le roy, que pensez-vous faire ? Je crois que vous êtes fou. — Il est vray, sire, dites-vous, je suis un fou et un sot, et voudrois l'estre si fort que je le feusse tout seul en France (1). » Le roi mécontent quitte Sully, refait incontinent l'écrit et l'emporte à franc étrier vers Malesherbes.

Henri IV n'était certes ni un fou ni un sot, mais un amant trop empressé. Il n'avait qu'une foi relative dans la protestation d'Henriette, prête à se donner, que la promesse était sans valeur et destinée simplement à satisfaire sa famille. Prudemment, le roi ne s'engagea pas d'une manière absolue et maintint cette clause conditionnelle : « ... Au cas que dans six mois à commencer du premier jour du présent, elle devienne grosse et qu'elle en accouche d'un fils, alors et à l'instant nous la prendrons à femme et légitime épouse. » C'était gagner du temps et, d'ici là, le Béarnais comptait bien avancer le mariage italien dont l'accomplissement annulerait toute autre chose. Constatons d'ailleurs que les d'Entragues ont la manie des petits papiers. Ils en exigeront un autre du maréchal de Bassompierre pour Marie, la sœur de la marquise de Verneuil : autant de billets à La Châtre !

Toutefois, la promesse royale offrait trop d'avantages pour n'en point tirer profit à l'occasion. Ils ourdirent là-dessus un nouveau complot, suivi par Henriette avec la même tenacité que le premier, mais avec moins d'adresse et de succès. Il s'agissait, pour la rusée commère, de reprendre son masque d'ingénuité légèrement défraîchi par l'événement du 15 octobre. Elle soutiendrait envers et contre tous, et n'y manqua pas, qu'elle n'avait cédé au roi que sur sa promesse écrite, signée et solennellement jurée,

____

(1) *Sages et royales œconomies d'estat*, t. I. p. 430.

de ratifier le mariage, si elle devenait mère dans le délai
voulu, et dès que la séparation d'avec Marguerite serait
obtenue du Saint-Siège. Ce n'était pas exactement con-
forme aux termes de l'engagement; on le lui prouvera.

Henriette appela donc de tous ses vœux, comme la plus
chaste épouse qu'elle se figurait être, la naissance du fils
ardemment désiré. Les lettres missives d'Henri IV à cette
époque donnent la preuve qu'il multiplie ses rendez-vous
avec la marquise ; et aussi qu'il les sollicite en termes fort
libres, en phrases cyniquement caressantes, la traitant à
la Guisarde, comme il dit lui-même. Jamais il ne s'était
permis de parler ainsi ni à Corisande, ni à Gabrielle, ni
même aux femmes à qui l'unissait un vif et passager sentiment. On comprend, on voit qu'il prétend user des droits
acquis en homme qui, ayant payé le prix, se sent chez lui,
et qu'aucune pensée respectueuse d'avenir n'arrête. Ce
n'est point là une future reine, même de hasard ou de
comédie, tout au plus un simple caprice, comme tant
d'autres, et des moins considérés. La favorite devint
promptement enceinte.

Ce résultat, important mais prévu, mit le comble à
l'orgueil d'Henriette et surexcita son ambition qui touchait
enfin au but. Dorénavant il fallut compter avec elle,
monter sa maison et lui témoigner plus de respect. Henri
dut se repentir plus d'une fois, même alors, d'avoir trop
cédé à l'entraînement, au plaisir, et songer sérieusement
au moyen de se dégager de liens que sa maîtresse s'effor-
çait au contraire de resserrer étroitement, trahissant enfin
le fond de son caractère.

La grossesse survenait à point pour fermer au roi toute
issue, et le tendre roman, si légèrement ébauché par lui,
menaçait malgré lui de se conclure par un scandaleux
mariage. Un seul point y manquait, que l'enfant à naître
fût un fils. Ici les séductions, les artifices, les manœuvres

humaines étaient impuissantes; tout dépendait d'une volonté supérieure. Qu'à cela ne tienne ! Henriette d'Entragues s'efforcera de fléchir cette volonté. Son royal amant s'est courbé sincèrement devant la religion catholique pour arriver au trône et à l'annulation de son premier mariage ; si peu dévote qu'elle soit, Mme de Verneuil feint de l'imiter et s'en prend de même à l'Église pour légitimer ses aspirations et obtenir son fils.

Dans sa perversité naïve, la petite-fille de Touchet le Huguenot fait un vœu à Notre-Dame de Cléry, sanctuaire réputé de l'Orléanais, fertile en miracles, et y présente en ex-voto un enfant d'argent. C'est le seul ex-voto de ce genre que mentionne l'histoire de Cléry.

Cette *démarche incroyable*, offensant la foi autant que les mœurs, et digne de la plus basse superstition, nous est révélée dans les termes suivants d'un document notarié du 26 avril 1604, sur lequel nous aurons occasion de revenir : « Un enfant d'argent qui a été présenté et donné par par Madame la marquise de Verneuil à ladite église... ». La pièce indique le fait, non la date et pour cause ; mais le fait lui-même est incontestable. La date approximative ressort amplement de tout ce qui précède. Le vœu d'Henriette d'Entragues doit se placer au mois d'octobre 1599, peu avant ou peu après le 15. Nous voyons l'occasion de l'offrande, passons aux circonstances qui ont pesé sur l'acceptation. Elle touchent en partie à l'histoire de Cléry dans le passé, surtout à l'état de la collégiale après les guerres de religion. Ceci réclame quelques explications.

Dans l'église de Cléry, les stalles du chœur et les grandes portes offrent le chiffre d'Henri II. Il les donna, soit le 15 décembre 1551, jour où il fit un voyage à pied d'Orléans à Cléry, à l'occasion d'un vœu à la Vierge, soit le 17 janvier 1552 ; et il promit aussi une lampe d'argent. La veuve de ce roi, Catherine de Médicis, duchesse

d'Orléans en 1569, attendit le 23 janvier 1576 pour réa-
liser ce don d'une lampe d'argent (1) qui devait brûler
jour et nuit devant le grand autel ; elle fondait aussi, pour
l'âme d'Henri II, une messe quotidienne, célébrée immédia-
tement après celle de Louis XI, et un service annuel le
10 juillet ; c'était le jour où le roi mourut, du fatal coup
de Montgommery, dans un tournoi.

Mais, entre les libéralités d'Henri II et celles de Catherine, les protestants avaient deux fois, une de plus que les
Anglais, ruiné de fond en comble la basilique. Henri III
contribue de tous ses efforts à la restaurer et à l'embellir.
Dans ce but, il lui présente mille livres tournois pris sur
ses épargnes et lui offre une lampe d'argent provenant de
N. D. de Chartres et qu'il remplace par une autre plus
importante. Il lui concilie aussi, du premier coup, par une
mesure habile et généreuse, un grand nombre de riches et
puissants protecteurs. Ayant fondé l'ordre du Saint-Esprit,
dont la première session eut lieu dans l'église des Augus-
tins, à Paris, les 31 décembre 1578 et 1ᵉʳ janvier 1579, il
impose aux nouveaux chevaliers une contribution pour le
rétablissement de l'église de Cléry. Le montant, remis entre
les mains du trésorier de l'Ordre, se trouva de 3,600 écus.
Nous avons dit que François d'Entragues fut l'un des premiers institués.

Afin de perpétuer le souvenir de la fondation d'un Ordre
destiné au plus brillant avenir, Henri III fit en outre
exécuter à Cléry, de 1583 à 1586, par des peintres-verriers
parisiens, sous la direction du *maître-vitrier* ordinaire
des maisons du roi, une série de vitraux historiques. Sur
la fenêtre centrale du rond-point, deux sujets importants
étaient placés l'un au-dessus de l'autre. Le motif supérieur,
la Pentecôte, comprenait dix-neuf personnages : la Vierge

(1) Celle ci remplaça la lampe offerte, en 1456, par Louis XI
encore Dauphin, et qui avait été prise par les Huguenots, en 1562

dans le Cénacle, entourée des Apôtres sur lesquels le Saint-Esprit descend sous forme de langues de feu. Au-dessous était représenté Henri III, sous un dais royal, accosté des quatre Évangélistes et de leur figuration symbolique.

Ce vitrail, que nous attribuons au peintre-verrier royal, François Porcher, et à ses aides, subsiste encore aujourd'hui. Bien qu'il ait été l'objet de nombreuses réparations, plus ou moins habiles, et qu'il en exige encore d'autres, on y reconnaît facilement, à l'ordonnance de la composition, à la beauté du dessin et à l'éclat du coloris, l'œuvre d'un maître. C'est d'ailleurs la seule qu'on connaisse actuellement de cet artiste.

De plus, le roi garnit les autres fenêtres de l'église de vitraux non moins richement décorés, reproduisant les armoiries des chevaliers de l'Ordre avec leurs supports. Celle de d'Entragues, d'azur à trois sautoirs d'argent au chef d'or à trois sautoirs d'azur, garnissait la troisième fenêtre du côté de la rue, près de la tour. Elle fut restaurée dès 1616 et en 1696, les ouragans y ayant fait, comme aux autres, de graves dégâts ; il n'en reste actuellement plus rien (1).

Les poëtes du temps célèbrent, en vers français et latins, l'achèvement de cette superbe ornementation coloriée de l'église de Cléry, et en attribuent la pensée à un vœu du roi et de la reine Louise de Lorraine pour obtenir du ciel une postérité masculine. On en trouve la confirmation dans les historiens et les comptes du temps, qui mentionnent les très fréquents voyages d'Henri III à Cléry, voyages de piété, mais très souvent accompagnés d'une mise en scène, de costumes, d'appareils trop mystiques pour une cour qui ne l'était guère, et qui prêtaient le flanc à la malignité des protestants.

(1) *Archives départementales du Loiret*, fonds de l'Intendance.

Henri n'était encore que roi de Pologne, lorsqu'il fit à pied le pèlerinage de Cléry, le 24 juillet 1573. Après un long intervalle, le roi et la reine de France vont à Chartres, en janvier 1582, pour demander à la Vierge un fils ; le roi se rend seul à Cléry, le 1er octobre. En janvier 1583, les souverains font, pour la même cause, le pèlerinage de Notre-Dame de Liesse (1) et le roi entreprend deux fois le voyage de Chartres et de Cléry, en avril et en septembre. La reine était en litière et Henri à pied, costumé en flagellant ainsi qu'un grand nombre de seigneurs. Le 18 mars 1584, le roi arrivait encore en procession de Cléry, où il avait entendu son prédicateur Antoine Roze, depuis fougueux ligueur. Henri III, les princes, les seigneurs de la cour marchaient à pied portant la croix et les insignes de la Passion, vêtus d'habits blancs de pénitents, la face couverte, et s'arrêtèrent au doyenné de Sainte-Croix. L'Estoile écrit que le cortège, composé de quarante-huit confrères pénitents, était ainsi parti de Paris, le 9 mars. Enfin le roi passe e bateau, le 6 septembre 1586 (2), devant Orléans, d'où le maire et les échevins, Mme d'Entragues et ses filles, sur deux embarcations différentes, viennent le saluer et le complimenter. Marie Touchet le remercie spécialement de ce que, le bâtard d'Angoulême étant mort au mois de juin précédent, Henri III avait donné le grand prieuré de France avec les biens et bénéfices du

(1) C'était un sanctuaire réputé pour obtenir la fécondité des mariages. *Le Trésor de Notre-Dame de Liesse* (par Éd. Fleury, 1856, in-8°) a publié un inventaire de 1690 où figurent de nombreux ex-voto d'argent et même d'or, représentant des enfants debout ou agenouillés. — Le 19 juillet 1814, on fit encore, à Nîmes, le vœu d'offrir un enfant d'argent du poids de celui dont accoucherait la duchesse d'Angoulême. C'est, croyons-nous, le dernier exemple d'un pieux usage très répandu en France au xve siècle.

(2) Par délibération dudit jour, la ville décide qu'elle offrira quatre douzaines de grand *codignac*, deux douzaines de confitures sèches et deux douzaines de bouteilles du meilleur vin qui se pourra trouver.

défunt à son neveu, le comte d'Auvergne, fils de Charles IX
et de ladite Marie. Le roi continue son voyage par eau
jusqu'à Cléry pour admirer les vitraux et faire continuer
la clôture de la ville. Il y retourne encore à pied, en
pèlerin, le 22 mars 1588 (1). Nous ne parlons pas du projet
qu'il annonçait à Blois, quelques heures avant l'assassinat
de Guise ; naturellement aucune suite n'y fut donnée.

Les dames d'Entragues, Orléanaises de vieille date,
connaissaient donc parfaitement Cléry, le motif de certains pèlerinages, les vœux présentés par les puissants du
monde, vainement parfois comme il advint pour Henri III,
par exemple, qui n'était peut-être pas digne de voir
exaucer le sien. Elles imaginèrent des espérances plus
audacieuses, comptant probablement sur une reconnais-
sance singulière de la Bonne Dame pour les services
signalés du gouverneur d'Orléans.

François d'Entragues, en effet, dans bien des occasions,
n'avait pas ménagé sa bonne volonté aux chanoines de
Cléry. Pendant les guerres de religion, il les avait retirés
à Orléans dans un asile sûr, tout au moins pour leurs personnes. Le titre de chevalier du Saint-Esprit ne diminua
pas son zèle et il seconda le roi pour la réparation et
l'embellissement de la collégiale. Devenu gouverneur de
Beaugency, d'Entragues s'applique à conserver Cléry à son
parti, en y mettant une garnison fournie par le régiment
du sieur de Grandpré, gouverneur de Meung-sur-Loire pour
le roi. Ceci se passait vers le mois de mai 1589 ; en novembre de la même année, au contraire, Cléry est occupé
par deux cents ligueurs du capitaine du Couldray. Afin
d'éviter les chances de pillage qu'engendraient inévitable-
ment ces changements de régime, d'Entragues entreprit de
neutraliser la ville de Cléry pendant toute la durée des

(1) Tout ce qui précède est extrait des *Comptes de ville* d'Orléans
et autres documents authentiques.

troubles et fut assez heureux pour signer avec La Châtre cet accord de neutralité, les 20 et 22 février 1590 (!). Enfin il intéresse Henri IV à la restauration de l'église.

Le Béarnais, protestant peu fervent et moins, on peut le croire, par conviction que par politique, se rapprochait insensiblement du trône et du Saint-Siége par son alliance avec Henri III, le roi sans enfant, dont il était l'héritier présomptif. S'il jugeait que Paris valait bien une messe, il pensa qu'un futur roi *très chrétien* devait bien quelque compensation aux temples ruinés par ses coreligionnaires ; et il agit en conséquence. Une de ses lettres, du 9 février 1593, est datée du camp de Cléry qu'il avait formé, n'osant pas encore attaquer Orléans, pour soumettre quelques petites places de Sologne. Les chanoines lui exposèrent leurs doléances et leur misère, car, le 1ᵉʳ novembre 1594, il leur donne six arpents de bois dans la forêt d'Orléans pour les réparations urgentes. En mai 1595, il en confirme les privilèges, notamment ceux qui concernent l'affranchissement des tailles et impôts, de guet, garde, etc ; leur donne des lettres de *committimus* et reconnaît les droits de haute, moyenne et basse justice de la baronnie de Cléry. En juin de la même année, il les fait autoriser par le Parlement à vendre certaines parties de leurs biens afin de payer quelques dettes.

Mais déjà, peu après son abjuration et son sacre à Chartres, le 27 février 1594, Henri IV entrait, au mois de mars suivant, à Paris. Il obtient de Clément VIII une absolution générale, le 17 septembre 1595 (2), moyennant les pénitences prescrites, entre autres, de se confesser et de communier au moins quatre fois l'an, de réciter à certains jours les litanies et le rosaire et de prendre la sainte

(1) Minutes de Mᵉ Lainé, notaire à Cléry.
(2) La Saussaye dit le 23, mais à tort.

Vierge pour avocate et patronne (1). D'autres clauses particulières furent plus longuement débattues à cause de l'état précaire du trésor royal et de l'épuisement de la France. Ainsi le Saint-Siège exigea d'abord la construction d'un couvent d'hommes par chaque province. Les négociateurs, croit-on, réduisirent ces prétentions à la seule restauration de la cathédrale d'Orléans. Le roi s'exécuta galamment et tint même, on le verra, plus qu'il ne promettait.

Henri IV avait récemment visité Sainte-Croix dans de mémorables circonstances. Après la réduction d'Orléans, il fit avec sa sœur, à la fin de mars 1594, une entrée solennelle dans la ville qui lui préparait l'accueil le plus honorable. Le maire et les échevins, vêtus de robes de velours noir à trois poils, montés sur des chevaux couverts de housses en drap noir, et suivis des pensionnaires de la ville pareillement costumés, se rendirent à la porte Bannier avec une compagnie d'enfants d'honneur, les capitaines de volontaires et le guet, portant tous l'écharpe de taffetas blanc. Henri, entré au bruit des salves d'artillerie et aux acclamations si longtemps proscrites de : « Vive le Roi ! », reçut les clefs des portes liées avec un cordon de soie blanche et bleue, et fut placé sous un ciel de toile d'argent à franges de soie blanche porté sur des bâtons semés de cœurs et de fleurs de lis d'étain, d'or et d'argent. Sur les places et les rues, on ne voyait qu'arcs de triomphe, portes, arcades, statues, médailles, armoiries du roi et du maréchal de La Châtre ; et partout des devises et *épitaphes* à la louange du roi et de la France. Un grand tableau du Crucifiement, peint à l'huile, ornait la grande salle de l'hôtel de ville.

Orléans revit encore le roi, le 2 juin 1598, et souvent

(1) De Thou, l. V., p. 421. — *Mémoires-Journaux de* P. de l'Estoile, t. IV, p. 330.

en 1599, les 23 juin, 2, 12 et 25 juillet, puis au mois de septembre. Certainement, il était attiré dans la contrée par Henriette d'Entragues ; mais un sentiment d'une source plus généreuse et plus élevée le retenait dans l'ancienne citadelle du protestantisme et de la Ligue. C'était le désir de donner loyalement à l'Église catholique un gage assuré de sa conversion, à la Papauté une preuve d'humble soumission pour la pénitence imposée, en même temps qu'un témoignage de déférence afin d'obtenir la séparation d'avec Marguerite.

Il est reçu à la porte de la basilique, le 2 juillet 1598, par le doyen François Jamet qui affirme, dans sa harangue, que la munificence royale peut seule rétablir l'édifice. Henri manifeste son projet de relever toutes les églises abattues ; il se rappellera la requête qu'on vient de lui présenter et tendra une main secourable au chapitre de Sainte-Croix. Comme il s'informait, en parcourant l'intérieur, par qui le chœur avait été reconstruit, on lui répondit que c'était par les bienfaits des rois et de la reine-mère et par l'économie du chapitre. Pierre Fougeu d'Escures (1), un Orléanais qui aimait son pays et en donna des preuves multipliées, fut consulté peu après sur cette affaire ; il répondit qu'il connaissait les bonnes dispositions du roi et conseilla d'en parler au secrétaire Villeroi.

Le 23 juillet 1599, le roi fut plus explicite encore. L'historien Charles de La Saussaye, alors doyen de Sainte-Croix, rapporte (2) que, après qu'il eut salué le souverain, celui-ci annonça dignement sa résolution de rétablir la

(1) Maréchal des armées du roi et mari de Claude Touchet, il est bien possible qu'il ait ménagé quelques entrevues à Henriette d'Entragues, sa parente, et au roi, soit dans son hôtel de la rue qui porte son nom à Orléans, soit dans son agréable résidence du Poutil, à Olivet.

(2) *Annales ecclesiae Aurelianensis*, p. 715.

cathédrale dans sa première splendeur. A l'office du soir, il la parcourut en détail et réitéra cette promesse. Le clergé lui rendit de solennelles actions de grâces ; La Saussaye prit la parole. Il écrit avoir dit qu'en célébrant la messe, au matin de ce jour, il offrit à l'autel l'intention du roi de rebâtir l'église de Dieu, dans l'espoir que sa postérité serait pareille à celle promise par le prophète Nathan à David, lorsque celui-ci conçut l'idée de construire le temple. Sans être grand clerc, on peut taxer la comparaison de bizarre et malhabile, en ce moment de la vie du Béarnais et, si l'on peut dire, à sa barbe. N'est-ce pas Salomon seul qui édifia le temple de Jérusalem, parce que David en fut jugé indigne à cause de ses fautes ? Et puis, la harangue du bon doyen n'induisit-elle pas l'esprit de quelque auditeur malicieux, du roi lui-même, à vagabonder un instant de David à Bethsabée, et mieux, d'Henri IV à Henriette d'Entragues ?

Pour abréger, Henri toucha les écrouelles au cloître de Sainte-Croix, le 25 juillet, et partit pour Blois. C'est là, ayant trouvé les fonds nécessaires, qu'il date, au 9 août 1599, l'importante ordonnance pour la réfection de la cathédrale d'Orléans (1).

Dans un magnifique préambule, le prince converti fait sonner son titre de « roy très chrestien que nous tenons de Dieu » et son désir de contribuer autant que ses prédécesseurs « à l'advancement de la relligiou catholicque, appostollicque et romaine ». Il ajoute que le meilleur moyen est de reconstruire les églises démolies et que, « ayant entre icelles veu à l'œil les grandes ruines et

(1) Nous en avons une expédition authentique délivrée par la Cour des aides, le 18 août suivant. L'acte est du reste imprimé aux pages 3 et 5 du *Recueil des arrêts du Conseil* etc., concernant la réédification de l'église de Sainte-Croix d'Orléans, in-4°. Orléans, chez Couret de Villeneuve, 1740.

desmollitions qui ont esté faictes en celle de Saincte-Croix d'Orléans qui estoit auparavant l'un des plus beaulx édiffices de ce royaulme », il décide d'y attribuer l'impôt des trois sols neuf deniers tournois sur chaque minot de sel vendu ès greniers et chambres des généralités de Tours, Bourges, Orléans et Moulins, ci-devant affecté à la construction du nouveau canal de la riviére de Loire, naguères fait près de Meung-sur-Loire, qui est presque achevé (1). Cet impôt est continué pour neuf ans. La Saussaye nous informe qu'il apporta les lettres royales à Cléry le 10 août, au lendemain de leur signature, et le 11 à Orléans ; le 19, il commençait les nouveaux travaux de Sainte-Croix.

Mais l'historien omet d'expliquer le motif de son arrêt à Cléry ; ce que nous avons eu la curiosité de chercher. C'est que le roi glisse, comme subrepticement, cette clause vers la fin de l'acte : « Et néantmoings, d'aultant que nous voullons par mesme moien avoir le mesme soing que l'église Nostre-Dame de Cléry ne dépérisse et qu'elle soit aussy réparée et entretenue au mieux que faire ce pourra, en considération des *grandz vœus* et dévotions qui ce font de tout temps en icelle, nous voullons que sur laditte levée de trois solz neuf deniers tournois, sur chacun minot de sel, il soit pris la somme de trois cens escus chacun an durant lesdittes neuf années pour estre emploiez à la réparation de laditte église Nostre-Dame de Cléry. » Huit mille cent livres données d'un trait de plume, c'est vraiment un cadeau royal. La Saussaye annonçait donc au passage la bonne aubaine au chapitre de Cléry, en montrant le parchemin authentique.

(1) Ce n'était pas un canal proprement dit. On creusa le lit de la Loire pour en rejeter les eaux du côté de Meung et l'on supprima l'écoulement qui se faisait entre Meung et Cléry par une dépression nommée encore aujourd'hui *la vieille rivière*.

Nous ne prétendrons pas que cette généreuse aumône fût inspirée par la favorite, ni que le terme de *vœux* inséré dans la rédaction du documjnt contienne quelque allusion à celui d'Henriette ; ses désirs, ses espoirs étaient certainement contradictoires avec ceux du roi, qui se serait parfaitement passé d'une paternité présageant pour lui des ennuis, des querelles, d'inextricables difficultés à l'égard de projets matrimoniaux plus sérieux. Il suffit que le patronage de la Vierge ait été invoqué par le décret pontifical d'absolution pour que le roi, cédant en cela à sa générosité naturelle, adjoignît bénévolement à cel. de Sainte -Croix la restauration de Cléry.

Toutefois il faut convenir que la favorite choisit merveilleusement le moment propice pour offrir l'enfant d'argent (1). Les libéralités des rois Henri III et Henri IV, les services de François d'Entragues, le projet d'acquisition, pour sa fille, de Beaugency, la seigneurie voisine ; c'étaient autant de sérieux obstacles au refus péremptoire de l'ex-voto par le doyen et le chapitre de Cléry.

Mais, comme c'est un peu le sort commun des sanctuaires célèbres, tirés de leurs ruines et largement dotés par les souverains, de subir les exigences de la maîtresse déclarée du moment, Cléry avait une chapelle de Villequier, dont l'historique détermina peut-être la résolution d'Henriette d'Entragues et celle du chapitre.

Antoinette de Maignelais, la Du Barry de Charles VII, en obtenait, au mois d'août 1457, l'autorisation d'y faire inhumer celui qui fut si peu son mari, André de Villequier, le complaisant du roi ; la chapelle, aujourd'hui sacristie, en garda longtemps le nom.

(1) Naturellement, on n'est pas renseigné sur l'auteur de ce travail. Peut-être fut-ce l'orfèvre en titre du roi, Jean Delahaye, habile sculpteur parisien et trois fois garde de sa corporation, de 1598 à 1608. Il avait déjà fourni la vaisselle de Gabrielle d'Estrées. (*Dictionnaire de l'orfèvrerie*, par Texier).

Mais, outre que la mort, comme le feu, purifie bien des choses et a toujours droit aux prières et aux cérémonies de l'Église, Villequier avait fait à Cléry, par son testament de 1454, une pieuse et importante fondation montant à deux mille écus d'or.

Ce n'était pas de mort qu'il s'agissait dans le cas d'Henriette, bien au contraire ; et la situation présentait pour le chapitre des circonstances fort délicates. Quelqu'un parvint sans doute à les tourner ou à les dissimuler habilement, à faire l'offrande en secret ou sous un autre prétexte. Ex-voto caché serait-il comme le péché, suivant le proverbe populaire, à moitié pardonné ? Un désir, un ordre du maître intervint-il ? Y eut-il, sur le moment, ignorance ou pression, par conséquent raison suffisante d'excuse ? Le fait reste mystérieux et le restera toujours. Il est certes peu probable que le greffier du chapitre ait dressé un acte solennel en l'honneur du don ; du moins, en dépit de quelques recherches, ne l'avons-nous pas rencontré.

VI

HENRIETTE D'ENTRAGUES ET MARIE DE MÉDICIS.

Nous nous sommes à loisir, et peut-être trop longuement, étendu sur les détails orléanais intéressant l'intrigue qui fait le sujet de cette étude. Comme il faut, pour se rapprocher du dénouement, rentrer dans l'histoire générale, nous nous efforcerons d'être plus bref.

Le domaine de Malesherbes a conservé peu de souvenirs des amours de Henri IV. Le chêne de la *Belle Henriette* fut abattu vers le milieu de ce siècle, et l'initiale du roi, gravée, dit-on, sur le rocher d'une grotte voisine, est peut-être cachée par la mousse aux regards curieux. La chambre d'Henri, au château, est du moins toujours tendue de ses belles tapisseries anciennes (1). Pendant que la ville de Pithiviers passait marché, le 30 octobre 1599, avec l'Orléanais Germain Gaultier pour faire sculpter en plein relief, sur le portail principal de l'église Saint-Salomon, le buste du vainqueur de la Ligue couronné de lauriers par un ange accompagné de victoires portant les armes de France et de Navarre (2), le galant Béarnais faisait reproduire par un peintre les traits de son idole et commandait un cadre somptueux à son joaillier Le Carnoy : « La boîte de peinture est fort belle, écrit-il ; aussi à un tel oiseau il faut une belle cage ».

Bien qu'assez familier, l'oiseau ne s'apprivoisait pas facilement. Il avait bec et ongles et démasqua, dès les premiers temps, un caractère peu traitable et de mauvais instincts ; aussi semble-t-il que la lune de miel subit vite quelques éclipses. Les motifs de dissentiment ne manquaient point, le roi poussant activement les préliminaires de son mariage avec la nièce du grand duc de Toscane, dont Sillery avait posé les bases à Florence même. Le chanoine Baccio Giovannini fut en conséquence expédié à Paris, sous prétexte d'un règlement des anciennes dettes de la France, en réalité avec mission secrète d'arrêter, de concert avec Villeroi, toutes les conditions de l'union projetée.

La tâche exigeait un négociateur souple, avisé, au courant de tout ce qui se faisait ou se disait à la cour. L'homme avait d'ailleurs toutes les qualités requises ; honnête autant que perspicace, il saisit à merveille que l'opinion publique lui serait favorable. La France aspirait de plus

(1) Notice sur la ville et le château de Malesherbes, par M. L. de la Tour, dans les *Bulletins de la Société archéologique de l'Orléanais*, t. IV, p. 253.

(2) *Artistes orléanais*, par H. HERLUISON.

plus à un gouvernement fort et stable, à la fondation d'une dynastie régulière. On avait trop redouté l'élévation au trône de Gabrielle d'Estrées, pour ne pas craindre encore plus celle d'Henriette d'Entragues. Tous ceux qui prenaient à cœur la fortune du pays et, plus que lui-même, la dignité du roi, devaient donc forcément conspirer avec l'ambassadeur toscan.

Il obtient de Villeroi, à la fin de novembre 1599, une entrevue particulière où se débattent les détails de dot et de douaire, évidemment pour la forme, le représentant du petit état ne prétendant pas lutter sur ce point avec le ministre de la grande nation. Aussi, déplaçant habilement la question et la portant sur son véritable terrain, où il reprend l'avantage, Giovannini demande si l'on ne tient aucun compte du mérite personnel de la femme. C'est, affirme-t-il, une princesse catholique, prudente, de grand jugement, et capable, durant la vie et à la mort du roi, si elle survit, de satisfaire le pays ; quant à la beauté, elle contentera le prince. Villeroi, par dignité et sans grande conviction, objecte que l'on ne manque pas de sujets convenables et coupe court à l'entretien par ces mots qui traduisent sans délicatesse le vœu général : « Enfin il nous suffira qu'elle soit capable de faire des fils. »

Henriette s'en jugeait capable aussi ; et déjà des preuves apparaissaient, au moins des promesses. Cependant Rosny se donnait une ennemie mortelle en lui affirmant que, fût-il seul, il s'opposerait de toutes ses forces à son mariage avec le roi. D'autre part, le cardinal de Gondy confiait à l'envoyé florentin que l'un se laissait gouverner par les sens, l'autre par la malice, jugement exact quoique peu flatteur ; et que celle-ci était femme à se procurer la naissance d'un fils par tous les moyens, pour devenir reine. Henri déclare encore à Villeroi et au chancelier qu'il veut montrer à son peuple qu'on a tort de croire qu'il résiste à

ses désirs; afin de satisfaire de bons serviteurs, il est résolu
à prendre pour femme la princesse Marie.

Le bruit en parvient aux oreilles de la favorite qui se
plaint aigrement, à grand renfort de larmes. Henri lui
ferme la bouche en annonçant catégoriquement que sa
décision est immuable, et, comme on tente de répliquer, il
se tourne vers Mme d'Entragues et déclare que, si sa
fille continue de lutter, il ne la gardera pas davantage.
Craignant une brusque rupture, la mère garantit l'obéissance ; elle espère que Sa Majesté leur fera du bien.
« Certainement, répond le roi, et je la tiendrai toujours
pour ma maîtresse. » Il ne pensait pas si bien prophétiser.

Cette scène avait lieu dans les derniers jours de dé--
cembre 1599, et ruinait les folles espérances. Pourtant la
place était libre, puisque d'Alincourt, fils de Villeroi, était
désigné, au commencement de janvier, pour aller à Rome
remercier le pape d'avoir annulé le mariage du roi et de
Marguerite de Valois (1); ce n'était nullement au profit
d'Henriette, mais bien de Marie de Médicis dont l'union
était fixée peu de temps après. Le 9 mars, Giovannini en
informait le grand-duc, et, par le même courrier, Villeroi
tenait Sillery au courant. Cependant les hommes prudents,
comme Rosny, opinaient pour que les noces royales s'ac-
complissent très rapidement et avant les couches de la
marquise de Verneuil, dans l'espoir d'avoir promptement
un vrai dauphin. Le roi restait ferme dans sa décision,
mais hésitait à en informer définitivement sa maîtresse
avant le départ pour Lyon, tant il craignait les récriminations.

Ici se place une amusante anecdote finement racontée
par l'ambassadeur. Comme les choses s'arrangeaient, il
reçut de Florence quelques caisses remplies de menus

(1) La dissolution, homologuée au Parlement, fut publiée solennellement à Saint-Germain-l'Auxerrois, le 27 décembre.

objets pour distribuer à la cour. C'étaient d'abord cin
quante paires de gants parfumés par la grande duchesse, et
de plus quelques comestibles, fromages de mars, salaisons
variées, confitures de Gênes, conserves de pêches et, détail
à rendre jaloux les Orléanais, douze boîtes de cotignac de
Portugal. Ces maigres cadeaux furent portés à Vincennes
et présentés au roi le vendredi saint. Il les regarda curieu-
sement, en goûta, en donna fort peu et réserva presque
tout pour lui ; ce que le narrateur souligne ironiquement.
Rosny, pour sa part, recevait un don plus sérieux de
10,000 écus, comme ayant traité favorablement la question
de la dot.

Les choses prenaient donc bonne tournure au gré de
tous, sauf des Entragues. Il est probable qu'ils multi-
pliaient les plaintes et les querelles, si bien que le roi,
soupçonnant quelque trahison, résolut de frapper un grand
coup, afin de rompre des liens si compromettants. Le
21 avril au matin, il envoie de Fontainebleau deux lettres
à mademoiselle d'Entragues et à son père, séparément et
sur un ton absolument différent, quoique tendant au même
but. Avec Henriette, il se montre sec et cassant, lui
reproche son ingratitude, la légèreté de son âme et son
mauvais naturel. Il veut une réponse le même jour et réclame la promesse de mariage et le renvoi d'une bague (1).
Il est plus insinuant avec le père, redemande aussi l'acte
donné à Malesherbes et, si d'Entragues le rapporte lui-
même, s'offre à lui dire ses raisons « qui sont domestiques,
non d'estat », et l'assure qu'il est son bon maître.

Inutile d'ajouter que père et fille gardèrent un silence

(1) N'est-ce pas celle dont l'Estoile parle, que le roi aurait mar-
chandée pour Henriette sur le Pont-au-Change, voulant la faire voir
avant que de la payer, « car ces jours passés, dit-il, on m'en a vendu
une cinquante mil escus qui n'en vault pas la moitié ». Rosny, déli-
vrant l'argent promis aux d'Entragues, avait aussi remarqué brusquement que la marchandise était bien chère.

absolu et d'un peu favorable augure. On a lieu de s'étonner qu'Henri IV, après avoir découvert ses batteries, n'ait pas mis plus de persistance dans l'énergie de son action, certainement inspirée par la prochaine signature de son contrat, le 25 avril, à Florence. Fut–il ému d'un accès de pitié, tardive et coupable faiblesse dont il se repentit amèrement plus tard, ou se laissa-t-il distraire, à l'arrivée de d'Alincourt, par l'éloge de la future reine et de sa beauté ?

A cet égard, la princesse semblait justifier et les assurances de l'ambassadeur toscan et les espérances du roi, de la France surtout qui préférait une alliance de raison et de convenance, un sérieux mariage dynastique, à toutes les fantaisies amoureuses et romanesques. Marie de Médicis rachetait son peu de jeunesse par une taille majestueuse et de fort beaux yeux ; toutefois la bouche lourde et le menton à l'autrichienne, qu'elle tenait de sa mère, manquaient de grâce, comme son teint des soins raffinés en usage à la cour de France. Elle passait pour avoir l'humeur prompte et gaie, sans égaler les autres Médicis par la culture intellectuelle ni par le goût des arts. Elle aimait pourtant la musique et, ce qui flatta le roi, partageait sa passion pour les chevaux et la chasse. La fine et mordante Henriette saisit vite le contraste que présentait cette beauté massive avec les grâces piquantes qui charmaient le roi; et, bien que s'attirant une verte réponse de lui, lorsqu'elle demanda quand arriverait « sa banquière », elle se flattait de la vaincre de haute lutte et de conserver sur le maître son prestigieux empire. Elle pouvait dire qu'elle ne craignait pas l'Italie, copiant la réponse de sa mère, Marie Touchet, à la vue du portrait de la princesse Elisabeth d'Autriche envoyé en France pour le mariage avec Charles IX : « L'Allemagne ne me fait point peur. »

Elle était cependant à la veille de perdre des droits,

acquis à grand peine, aux dépens de son honneur, et qu'elle
jugeait incontestables. Les historiens disent, en effet, sans
aucun détail et sans même s'accorder sur le mois, que, vers
le commencement de juin ou de juillet 1600, le tonnerre
étant tombé dans la chambre de la marquise de Verneuil,
elle accoucha de frayeur, et avant terme, d'un enfant
mort ; c'est vraiment peu. Un chroniqueur, Philippe
Hurault, abbé de Pont-Levoy, évêque de Chartres,
renseigne davantage et plus exactement (1). Il est en outre
Orléanais et témoin oculaire de presque tout ce qu'il raconte. Le jeune prélat, fils du chancelier de Cheverny, fut
à la mort de son père gracieusement accueilli par le roi.
Henri IV se chargea de sa fortune et voulut être reçu par
lui dans son abbaye de Royalmont, située sur la route de
Verneuil, lors d'un voyage qu'il fit à cette résidence avec
la marquise portée en litière à cause de sa grossesse
avancée. Peu après, au commencement de juin, Philippe
Hurault fut appelé à Fontainebleau par son service d'aumônier de la cour, lorsque s'y produisit l'accident. La
foudre passa, suivant Mézeray, sous le lit de la maîtresse
du roi. Hurault affirme que l'enfant vécut et que c'était un
fils, dont la naissance remplit de joie la marquise. Le roi
donna l'ordre à son aumônier d'ondoyer le nouveau-né ;
mais il se fit suppléer, trop jeune pour être dans les ordres,
par le supérieur des Mathurins de Fontainebleau. Cependant l'enfant, venu au monde si brusquement, mourut presque aussitôt ; et l'aumônier le déposa dans un cercueil de
plomb et l'inhuma devant la chapelle basse du château.
Le chroniqueur ajoute que le roi fit paraître beaucoup de
déplaisir, « mais bien plus la mère, qui de désespoir faillit
à mourir aussi, voyant ses prétentions faillyes ». Le vœu
téméraire, offert par la marquise à Notre-Dame de Cléry,

(1) *Collection de mémoires relatifs à l'histoire de France*, par
PETITOT, t. XXXVI, p. 456.

ne fut donc pas exaucé comme celui, plus légitime et sincèrement pieux, que le Bâtard d'Orléans fit avec le dauphin, au siège de Dieppe ; franchement il ne le méritait guère. On verra plus loin ce qu'il advint de l'enfant d'argent.

Cet accident, aussi providentiel pour l'Etat que jadis la mort de Gabrielle d'Estrées, marquait la ruine certaine des espérances d'Henriette, quoi qu'elle fît pour les prolonger. Il terminait aussi les anxiétés du roi et brisait son imprudent ou fallacieux engagement, mais non pas son amour qui persista plus tenace encore. Philippe Hurault raconte qu'au moment de la séparation définitive, la marquise éclata en cris et en reproches. Le roi la laissait achever ses couches et ses plaintes tout ensemble, et, le cœur plus léger, partait de Fontainebleau pour Lyon, avec Hurault, son grand aumônier et son confident, afin de mettre la dernière main à son mariage et à l'expédition de Savoie. Les premiers drapeaux conquis furent expédiés à la marquise dont le frère, capable de tout le mal possible, cherchait vainement à lever des troupes au nom du roi, en réalité pour le combattre ou fomenter des troubles à l'intérieur.

C'est de Lyon que, le 18 juillet 1600, Henri IV annonce à la ville d'Orléans son mariage (1). Il cède, écrit-il, aux instances des cours de Parlement, de toutes les provinces, et à celles de ses principaux officiers. Restitué par Sa Sainteté en état de le pouvoir faire, les affaires sont conclues et résolues, et le mariage bien près d'être effectué. Comme il est toujours à court d'argent, il demande aux bonnes villes de le gratifier, à l'imitation de Paris et de Rouen, et taxe Orléans à un présent de 8,000 écus.

Enfin, le 25 août, Bellegarde portait au grand-duc la

(1) *Archives départementales du Loiret*, A. 2188. Copie de Polluche sur l'original à l'Hôtel de Ville.

procuration nécessaire pour épouser sa nièce au nom du
roi par paroles de présent ; et, le même jour, on payait au
maréchal de la Châtre 34,809 écus pour l'achat du comté
de Beaugency. C'était le cadeau de noces du Béarnais à
Henriette d'Entragues.

La marquise pourtant, bien que sensible à ces procédés
en espèces sonnantes, était désespérée de tous les
malheurs qui fondaient sur elle ; rien ne fut épargné pour
détourner le roi de ses projets et le rappeler aux anciennes
promesses. Une fois sa santé rétablie, à la suite de lettres
tendres ou aigres-douces, elle obtint de rejoindre son
amant et l'accord se fit entre Lyon et Grenoble. Elle reprit
sa place, comme si rien ne s'était passé, jusqu'à l'arrivée
du légat Aldobrandini qui avait fait le mariage à Florence
et venait pour traiter de la paix. Henri IV se laissa
facilement convaincre de l'inconvenance qu'il y aurait à ne
pas rompre en ce moment ; mais Henriette voulait rester
quand même, montrer au légat, neveu du pape, et rendre
public l'engagement royal, se vantant de faire annuler à
son profit le mariage italien. Les querelles et les brouilles
recommencèrent de plus belle, Henriette redoubla d'in-
jures ; mais le roi la cajola si bien qu'il la décidait à partir seule pour Lyon, tandis qu'il revenait à Chambéry
juste à temps pour y joindre le prélat vers la fête de
Toussaint.

La favorite reprit alors sa correspondance, désireuse
d'adoucir la vivacité des dernières impressions et de maintenir son ascendant sur la faiblesse du souverain. Nous
avons retrouvé la copie d'une de ces lettres, datée seulement de l'an 1600, mais qui paraît coïncider exactement
avec les circonstances. Le style en est trop noble et très
alambiqué ; la douleur, les soupirs, les larmes y sont
répandus à profusion. Mais comme la manœuvre est habile
et les nuances délicatement ménagées, combien la feinte

soumission à une volonté fermement exprimée — on venait
de l'éprouver cette ferme volonté ! — cache et découvre à
la fois les regrets amoureux et le secret espoir de rattacher
l'avenir au passé : « Vos nopces sont les funérailles de ma
vie, » s'écrie-t-elle ; et plus loin : « Je ne vous parle que par
souspirs ; car, par mes autres plaintes secrettes, Votre
Majesté les peut sourdement entendre de ma pensée, puisque vous connaissez aussy bien mon àme que mon corps. »
Elle termine enfin par ce trait: « Que si c'est une action
familière aux Roys de garder la mémoire de ce qu'ils ont
aymé, souvenez-vous, Sire, d'une damoiselle que vous possédez avec ce qu'elle vous doibt naturellement, ce qu'elle
ne pouvait faire qu'en votre unique foy, qui a autant de
pouvoir sur mon honneur que Votre Royalle Majesté sur
la vie, Sire, de votre très humble et très obéissante servante et subjecte (1). »

Certes le roi vert-galant n'avait garde de l'oublier, il
ne s'en ressouviendrait même que trop, et trop vite ; mais
il était tout entier, pour le moment, à ses légitimes
amours. Marie de Médicis arrivant de Marseille à Lyon, le
2 décembre, Henri IV l'y rejoignit dans la soirée du
samedi 9, à l'archevêché, où elle était descendue, et qui ne
pouvait fournir de logement pour eux deux. Mais le roi s'en
inquiète peu, considère quelques instants sa femme à la
dérobée, puis se présente à elle et partage sa chambre le
même soir. Philippe Hurault décrit naïvement la satisfac-
tion réciproque des deux époux. Le mariage religieux, ac-
compli déjà à Florence, fut de nouveau solennisé le 17 par
le cardinal-légat Aldobrandini, dans la grande église Saint-
Jean de Lyon, et, le même jour, la paix avec la Savoie était
conclue.

Après être resté quelques jours auprès de la reine et

____

(1) *Bibl. nat.* ms. fr. 2945 f° 94 v°. Pièces justificatives, III.

avoir donné les ordres pour son arrivée à la cour, le roi
part le premier, le 21 janvier, la laissant enceinte, passe à
Briare et à Montargis, le 23 janvier 1601, et arrive en poste
à Paris. Il y séjourne peu. Son humeur volage, excitée par
les lettres de l'habile Henriette, l'attirait à Verneuil où les
amours refleurirent durant toute une semaine, si bien que
la marquise devint grosse à son tour.

VII

LUTTE DE LA FAVORITE CONTRE LA REINE.

La santé du roi démentait ainsi victorieusement les fâ-
cheux diagnostics imposés aux médecins par l'ambition de
Gabrielle d'Estrées ; mais l'homme seul, et un homme peu
difficile à l'ordinaire, se complaisait dans le succès de ses
amours à la fois légitimes et perverses. Quelle gloire pouvait cependant tirer le prince, tout récemment marié, de
reprendre librement et presque publiquement ses habitudes
avec son ancienne favorite ? Etait-ce donc à ce peu noble
résultat, l'escapade de Lyon à Verneuil, que devaient
aboutir toutes les entreprises de la fin du seizième siècle !
Plus Henri IV avait fait la France grande, et plus il se
rapetissait aux yeux de ses généraux, de ses hommes d'état,
de ses diplomates.

L'un de ces derniers, et non des moindres, le cardinal
d'Ossat (1), homme grave, sincère et prudent, s'était
chargé de missions bien délicates pour l'habit dont il était
revêtu, et s'en tira toujours à son honneur. Secrétaire de

____

(1) Une esquisse, qui en dit bien long sur lui, a été publiée par M.
E. Melchior de Vogué, dans la *Revue des Deux-Mondes*, année 1895,
tome 129ᵉ, sous ce titre : *Un négociateur français à Rome, le cardinal d'Ossat.*

l'ambassadeur Paul de Foix et successivement des cardi-
naux d'Este et de Joyeuse, protecteurs des affaires de
France à Rome, il s'y employa très utilement à la réconci-
liation du Béarnais pour lequel il reçut, avec du Perron,
l'absolution de Clément VIII, fit accepter au pape l'expul-
sion des Jésuites et l'édit de Nantes, et en obtint la dissolution du premier mariage du roi et la ratification de celui
de sa sœur, la protestante Catherine, avec le duc de Bar.
Habile politique et très honnête homme, ambassadeur sans
titre, il prit part aux traités de Vervins et de Lyon, mais
ne voulut accepter comme récompense de tous ces travaux
qu'un évêché et le chapeau cardinalice. Il eut la gloire
de laisser des lettres, surtout celles à Villeroi, qui sont
considérées comme un traité classique de diplomatie. Il
n'était cependant pas au bout de ses peines, car le caractère turbulent de la marquise, durant toute cette année 1601
où nous sommes parvenus, lui donna beaucoup de tablature,
et il dut user de toute sa finesse pour en débrouiller les
menées.

Pendant son voyage à Lyon et à Chambéry, pour la
reprise de ses amours, Mme de Verneuil, jugeant sainement
des choses, contre son usage, estima que le caprice royal
ne serait peut-être pas de longue durée et lui ménagerait
encore de ces déceptions dont elle avait la cruelle expérience. N'était-il pas plus sage de revenir au devoir par
un autre chemin que celui de la fantaisie, qui n'en est pas
la route ordinaire? Elle songea donc au mariage, non pas
avec le roi; ce n'était plus possible. Par malechance, elle
prit un homme taré comme confident, comme agent trop
actif. C'est la punition des intrigants de toujours se commettre avec des créatures de leur espèce.

Un jour, le 7 février 1601, d'Ossat reçut à Rome la
visite de ce singulier personnage, portant l'habit de capu-

cin (1) sans en avoir les allures, ni surtout aucune des ver-
tus. Il prenait le nom de frère Hilaire de Grenoble et s'appelait réellement du Travail (2). L'homme s'avançait avec
assurance, parlait haut et se faisait valoir. Il présentait
une lettre royale de créance du 19 octobre précédent —
presque la date d'un anniversaire — recommandant chau-
dement à d'Ossat de lui faciliter des entretiens avec le
pape, le sacré collège et autres prélats. Du reste, à l'en
croire, il est dans les meilleurs termes avec le roi et la
marquise, qui ne se conduisent que par ses conseils et avec
lesquels il use du tutoiement dans l'intimité. Ainsi, c'est lui
qui a engagé le roi à renvoyer Mlle d'Entragues, à l'approche
du cardinal-neveu et de la reine ; c'est lui qui a conseillé
de marier la demoiselle et de retirer de M. d'Entragues un
écrit — toujours la fameuse promesse : « Et sur ce, il me
montra et bailla deux lettres à lui capucin écrites, comme
il disoit, de la propre main de ladite Damoiselle, en l'une
desquelles est faite mention dudit prétendu écrit qu'elle
fera voir à Monsieur de Nevers, dit-elle, s'il veut entendre
au mariage de lui et d'elle. » Le frère Hilaire demande une
audience du pape pour lui parler d'affaires secrètes, et
faire sortir du royaume quelques capucins d'Italie soup-
çonnés d'avoir voulu tuer le roi. Il avait même charge,
ajoute-t-il, de porter certains sujets au cardinalat.

D'Ossat, abasourdi d'un pareil verbiage, laisse percer
son effroi de tant d'indiscrétion mêlée à tant de mensonges,
et se dit toutefois en l'écoutant : « Voilà un capucin bien
vain et léger, et une tête pleine de vent et de fumée. » Il

(1) La marquise avait une certaine affection pour cet ordre. En
1603, son confesseur était un autre capucin, le frère Archange et, en
1604, elle affectait de se rendre souvent au couvent des Capucines.

(2) Ce détail est donné par Amelot de la Houssaye. t. IV, p. 279, de
ses *Lettres du cardinal d'Ossat*, d'où nous avons tiré la plus grande
partie de cet épisode.

risque quelques observations et sollicite en crainte, mais inutilement, l'audience réclamée. Le capucin s'en prend à lui de son échec et se plaint vivement à tort et à travers, continue ses folies et ses vanteries, tranchant toujours de l'important; ce qui lui ouvre quelques portes, dont celle du cardinal de Saint-Séverin.

Une réponse de Villeroy tira bientôt d'Ossat de toutes ses perplexités en l'informant que le capucin devait être un espion du duc de Savoie, aposté pour dénigrer le mariage du roi, son ennemi, et les enfants qui en naîtraient, instruit à faire l'affectionné envers le roi et la marquise pour en tirer des lettres de recommandation dont il saurait user à l'occasion. Aussi le cardinal, qui continuait à tenir le sujet en médiocre estime, écrit-il le 15 octobre : « Je ne me puis assez émerveiller qu'on me commande de mendier à Rome permission de corriger et châtier ce galant. » Il se remua pourtant et réussit à obtenir du P. Monopoli, un capucin ami du pape, des pouvoirs, adressés au provincial de Paris ou au gardien du couvent, d'interroger le frère Hilaire rentré en France, « et qu'on lui prenne toutes ses écritures ».

L'interrogatoire, transmis au roi, le 7 novembre, par Villeroy et dont il donne aussi copie à d'Ossat, fut fait le 5 novembre 1601 (1), par l'archevêque de Camerino, nonce du pape, en présence du P. Pacifique de Susi, vicaire du couvent des Capucins de Paris.

On saisit tous les papiers du coupable dissimulés dans la paillasse de son lit. Il y avait là deux lettres de Mme de Verneuil et d'autres du P. Ange, de M. de Bar et du cardinal de Lorraine. L'une de celles de la marquise (2) concerne son projet de mariage et demande s'il a chance d'a-

(1) *Bibl. nat.*, ms. fr., 4020.
(2) L'analyse s'en trouve à la page 61 du ms. fr., 4020.

boutir dans le cas où le roi l'avantagerait d'une rente de 100,000 livres, ce qui semble un peu confirmer les bavardages du frère Hilaire à Rome. Une fois démasqué, cet intrigant n'est plus intéressant du tout et finit comme il devait. Après avoir quitté le froc, il se fit prêtre séculier et fut roué vif à Paris, le 10 mai 1617, pour avoir attenté à la vie de la reine-mère (1).

Il résulte de cet épisode tragico-burlesque qu'à un certain moment, au cours de l'année 1601, Henriette d'Entragues pensa sérieusement au mariage (2), ce qui eût été un événement heureux, non pas, certainement, pour l'époux élu, mais pour le ménage royal et pour la France entière. Elle en fut détournée, sinon par la saisie de sa correspondance sur le capucin, à coup sûr par la suite des événements qu'il nous faut reprendre.

Dès le 22 janvier 1601, au lendemain du départ d'Henri IV, la reine s'achemine à petites journées jusqu'à Roanne où elle prend le bateau, passe à Briare et à Montargis et se dirige vers Fontainebleau, où son infidèle mari se rend juste à temps pour la recevoir. Elle fit son entrée à Paris, le 9 février, ayant dans sa litière César, le fils de Gabrielle. Les époux logèrent quelques jours chez Gondy, puis dans la petite maison de Zamet, sorte d'auberge banale pour Henri. Enfin Marie de Médicis, ayant voulu descendre un soir au Louvre, dut le faire sans cérémonie et presque dans l'obscurité; ce qui l'étonna fort.

(3) *Lettres du cardinal d'Ossat*, IV, p. 278, note 1.

(4) Il semble douteux que ce fût avec un duc de Nevers. *Les mémoires de Bassompierre* (1665, t. I, p. 71) fixent ce projet de mariage peu après la présentation de la Marquise à la Reine, montrant le Roi disposé à lui donner en cette occasion la somme de 100,000 écus, le même prix pour s'en débarrasser que pour en faire sa maîtresse, Sully toujours hésitant devant la dépense, et le chancelier de Bellièvre enchérissant sur eux deux, dans la pensée du bien qui en résulterait pour l'Etat.

Connaissant les mœurs royales, elle fut moins surprise, mais assez peu flattée, lorsqu'on voulut introduire près d'elle la marquise, qui avait aussi son logement au Louvre, et lui faire agréer cette compagnie.

L'historien de Marie-Antoinette a décrit d'une façon charmante l'entrevue analogue dans laquelle Louis XV, dès le premier jour, fit dîner ensemble la jeune Dauphine et Mme du Barry (1) ; cependant l'avantage, dans ces scabreuses démarches, reste momentanément au Béarnais. Toutefois, ne supportant aucune gêne dans ses plaisirs, il prétendit régler d'abord la situation respective des deux femmes et pria la reine de faire bonne figure à la favorite : c'était un ordre assez peu déguisé. Il eut du mal à trouver une dame de la cour qui se chargeât de la présentation et dit à Marie : « C'était ma maîtresse, et je veux qu'elle soit attachée à notre service. » Henriette, à demi-inclinée, prit la robe de la reine auprès des genoux pour la baiser ; mais Henri, jugeant qu'elle ne s'était pas suffisamment abaissée, lui saisit brusquement la main et la tira jusque près de terre ; de la sorte, elle souleva le bas du vêtement pour le porter à ses lèvres. Marie reçut cet hommage d'un air tranquille et traita Henriette, toute la soirée, sans aucune apparence de dédain. Alors le roi, satisfait de la tournure des choses, fit asseoir la marquise à sa table avec la reine et toutes les princesses.

L'ambassadeur florentin, qui rapporte ces détails au grand-duc (2), félicite la fille des Médicis d'avoir assez vaincu sa timidité pour accepter l'entrevue délicate avec la maîtresse du roi, mais la blâme de ce qu'elle prit part au même repas. Il ajoute que tout Paris fut curieux d'apprendre comment s'était passé l'événement. L'opinion

(1) *Marie-Antoinette*, par Max. DE LA ROCHETERIE, I, p. 37.

(2) *Négociations diplomatiques de la France avec la Toscane*, t. V. p. 458.

publique loua fort la sage conduite de la jeune reine , celle
de la favorite fut au contraire taxée d'extrême présomp-
tion.

Malheureusement, le roi ne persévéra pas davantage
dans sa fermeté que la reine dans sa prudence. Henri
s'habitua vite à traiter les deux femmes sur le même pied,
ayant double ménage au Louvre d'abord, puis, sur le refus
de la reine, à Fontainebleau et à Verneuil, « tellement que
les enffants venoient au Roy de tous costez, tant droict
que gauche, » écrit un chroniqueur contemporain. Du reste,
il assistait alternativement à leurs naissances assez rap-
prochées, les aimait pareillement et les faisait élever tous
ensemble à Saint-Germain.

L'infortunée Marie de Médicis, exilée de sa patrie, des-
tituée de bons conseils, affolée par les piqûres guépines
d'Henriette, allait à son égard d'un excès de confiance à
un excès d'aversion. Trop honnête femme pour accepter
sans murmure un partage dont elle souffrait, elle n'eut ni
l'habileté de le faire cesser, ni l'intelligence et la tendresse
nécessaires pour conquérir et garder un cœur qui légale-
ment lui appartenait. Son caractère s'en aigrit, ce qui ne
pacifia pas les choses. Elle reste reine pour la forme et
dans les cérémonies publiques ; puis, sa couronne déposée,
rentre boudeuse dans ses appartements, tandis que le roi se
dédommage de sa contrainte près de l'engageante marquise.
Quant à celle-ci, fière de son empire reconquis sur les sens
du roi, et regardant plus que jamais ses prétentions et ses
enfants comme les seuls légitimes, elle est furieuse depuis
l'humiliation publiquement subie au Louvre, et poursuit
la Florentine d'une haine aveugle.

C'est ce mobile qui l'entraîne dans de multiples complots
qu'il n'y a pas lieu de raconter, attendu qu'on en trouve
les détails dans beaucoup d'historiens. Il suffit de dire
qu'aucune conjuration n'éclate en France sans qu'on y

rencontre un membre au moins de la famille d'Entragues.
Bien entendu, nous ne parlons pas du projet criminel de
Pierre Barrière, d'Orléans, dont l'auteur, un esprit désé-
quilibré, fut rompu vif en 1593, avant tout commencement
d'action. Mais, dans l'affaire du maréchal de Biron (1),
en 1602, est impliqué le comte d'Auvergne, le traître
impénitent. Tous deux sont arrêtés à Fontainebleau,
le 15 juin, et mis à la Bastille, bien que le roi eût envoyé
au maréchal l'Orléanais Fougeu d'Escures et le président
Jeannin. L'un des principaux agents de Biron était un autre
Orléanais nommé Picotté. Le roi d'Espagne et le duc de
Savoie semblent les principaux instigateurs et trouvèrent
en France de nombreux alliés, parmi lesquels des princes
comme le duc de Bouillon, des huguenots et des gouver-
neurs qui agitèrent leurs provinces. Le plan des conjurés
était de contester les droits du Dauphin dans le cas où il
resterait tout jeune sans père, de proclamer roi le prince
de Condé et de s'établir en souverains dans leurs gouver-
nements. On sait que le roi, ayant en mains toutes les
preuves du crime, mit Biron à même d'avouer, lui promettant le pardon. Sur son refus obstiné, déféré au Parlement
à défaut des pairs, il fut condamné et exécuté le 31 juillet.
Quant au comte d'Auvergne, grâce à sa sœur Henriette, il
sortit de la Bastille, le 2 octobre, ayant prêté serment de
fidélité au roi et promettant d'espionner les Espagnols,
sous couvert de continuer avec eux ses intelligences.

La marquise, on pense à quel prix, usait donc toujours
de son influence en faveur de sa famille. Avant que le

(1) Dans le procès de 1604, Henriette fut interrogée sur un portrait
de Biron saisi dans ses coffres à Verneuil. Il avait été exécuté en cire
ou en ivoire par Jean Pol, peintre et sculpteur en basse bosse, qui
l avait orné d'une écharpe couleur isabelle. Cet artiste avait fait
d'autres portraits du roi et de la fille de la marquise en cire. *Bibl.
nat.*, mss. fr., 4156, fᵒˢ 217, 219.

complot n'éclatât, elle avait demandé au roi le maréchalat pour son père, quand mourrait le maréchal de Gondy, et, lui mort, renouvela ses instances. Le roi promit le bâton, si on lui rendait l'engagement écrit ; mais d'Entragues refusa l'échange, même accompagné d'une somme de 50,000 écus. Il prétendait garder cette arme, sans valeur aux yeux des gens sensés, précieuse toutefois aux fauteurs de désordres. D'Entragues affirmait que c'était la sauvegarde de son honneur et de celui de sa fille. Les Orléanais, moins scrupuleux, nommaient, à la même époque, des délégués pour aller offrir la somme de 4,500 livres tournois à la marquise de Verneuil, qui avait don du roi des permissions de vente du vin, afin d'obtenir ainsi le libre commerce du vin en gros (1).

La marquise eut encore un succès personnel en faisant signer au roi, en janvier 1603, les lettres de légitimation de leur fils Gaston, marquis de Verneuil, lettres enregistrées en Parlement le 18 janvier et, le 25, à la Chambre des comptes (2). Rosny et les partisans de la reine avaient espéré jusqu'alors faire déclarer ce fils bâtard. Henriette éprouva toutefois un échec en aspirant à l'état qu'avait Mme de Bar avant sa mort, c'est-à-dire le gouvernement de Normandie, d'Anjou, d'Orléans, ou de toute autre ville sur la Loire ; Henri IV avait certifié à Rosny qu'elle n'aurait ni gouvernement ni place.

Au mois de mai de cette année 1603, le roi se trouva subitement fort gravement indisposé. Ses médecins lui recommandent toute sagesse avec la marquise et défendent la chasse au cerf et les exercices violents. On va jusqu'à prévoir sa mort et à prendre des dispositions en conséquence. C'est ainsi que le 10 décembre, veille de la Saint-Martin, la reine assiste pour la première fois au Conseil,

(1) *Archives municipales d'Orléans*, CC, 300.
(2) *Bibl. nat.*, mss. fr., 4020, f° 155.

comme future tutrice du Dauphin. Elle prenait sa revanche.

Là-dessus les partisans des Entragues recommencent leurs menées. Ils prétendent que, le mariage avec Marguerite de Valois étant toujours valable, les enfants de Marie de Médicis ne sont que des bâtards, et la marquise, se prévalant de la promesse royale, considère son propre fils comme légitime sans convenir que l'enfant prévu par l'acte est mort en naissant. Cependant le roi se livre à une nouvelle incartade et passe quatre jours avec sa maîtresse, à Saint-Germain ; ce qui le rend malade, ainsi que les médecins l'avaient annoncé.

Le bruit court, en 1604, que le roi tient tous les fils d'une nouvelle conspiration, ourdie encore par le comte d'Auvergne, mais où trempent directement le vieux d'Entragues et même sa fille. Le bâtard de Charles IX, oublieux des bienfaits du roi et de ses promesses, avait renoué des rapports avec l'Espagne, sans rendre compte à Henri IV des projets de cette puissance, ainsi qu'il l'avait récemment juré. De faux espion, il était devenu un franc traître. Faisant valoir la promesse éventuelle de mariage accordée à sa sœur par le roi, il obtint de Madrid, pour elle, l'autorisation de s'y réfugier avec son fils, dans le cas où le roi viendrait à mourir, feignant d'être effrayée de la haine que lui portait Marie. La marquise tenait bien du roi cette permission pour l'Angleterre, un pays ami, mais non pour l'Espagne, la nation rivale, qui saisit avidement l'espoir de fomenter plus tard une guerre de succession en France et qui accorda tout ce qu'on lui demandait et plus encore. A ce moment le roi s'éloigna sérieusement de Madame de Verneuil et prit assez vilainement une nouvelle maîtresse, Jacqueline de Beuil, comtesse de Moret, bientôt suivie de la comtesse de Romorantin ; tandis qu'Henriette se pourvoyait ailleurs.

Cette rupture fut une occasion propice pour que le

chapitre de Cléry, désormais bien au courant des faits et gestes d'Henriette d'Entragues, se débarrassât de l'enfant d'argent compromettant. Antoine Cocher, doyen de la collégiale, par acte du 21 avril 1604, passe marché avec Hugues Poirier, orfèvre orléanais, de lui donner 13 marcs 5 onces d'argent pour faire un encensoir, deux chandeliers, un bénitier et une boîte à mettre le pain à chanter, le tout d'argent blanc. Il en avait déjà tiré une petite croix mise au-dessus du ciboire de l'église de Cléry (1). Ce marché, très discret, fut approuvé peu de jours après, le 26 avril, par les chanoines de Cléry. L'acte est cette fois plus explicite (2). Il dit en propres termes: « Lequel argent provient d'une lampe que deffuncte la royne mère du deffunct roy que Dieu absolve avoit présentée et donnée à ladicte église, et d'un enffant d'argent qui a esté aussy présenté et donné par Madame la marquise de Verneuil à ladicte église. » Le chapitre, mu par un pressant besoin, faisait donc d'une pierre deux coups, comme l'on dit, en vendant à la fois la lampe de Catherine et l'ex-voto bien inutile de la favorite.

Cependant les événements se pressent, et aussi les dénonciations. La marquise n'en est pas exempte. Le comte d'Auvergne, son frère, l'accuse auprés du roi d'être enceinte de Bellegarde et du duc de Guise, quoiqu'ils soient ennemis, ou du prince de Joinville qui est aussi compté parmi ses amoureux (3). C'est peut-être cela qui touche le

(1) Minutes de H. Peigné, étude Paillat, à Orléans.

(2) Minutes de P. Plisson, étude Laîné, à Cléry. Pièces justificatives VI.

(3) Ce n'est probablement pas le seul démenti donné par Henriette de Balzac à la fière devise que lui attribue, en 1600, l'année de son acquisition, un joli jeton frappé pour elle comme dame de Beaugency, croit-on, et portant au revers cette incroyable légende : Fixa non fluxa ! Nous répugnons à penser qu'un rocher battu par les vagues soit l'emblème d'une vertu *moins fixe que flottante.*

plus le roi dans cette triste affaire ! Henri IV aussi jugea le moment favorable pour rentrer en possession de la fatale promesse qui lui avait attiré tant d'ennuis ! François d'Entragues avait refusé par deux fois de la rendre, d'abord de bonne volonté, puis, nous venons de le voir, en échange d'un bâton de maréchal et d'une somme de 50,000 écus. Passible maintenant de la peine capitale, il crut s'en tirer à bon compte en livrant le papier gratuitement au roi dont la situation était excellente pour s'en emparer.

Le 2 juillet 1604, le roi étant au logis de Zamet, François de Balzac s'y présente et dit l'avoir ci-devant supplié de lui octroyer quelque écrit qui pût servir « pour l'exempter de blasme envers ceux qui le voudroient calomnier de ce qui se passoit entre Sa Majesté et Madame la Marquise de Verneuil sa fille ; et, l'ayant reçu, l'aurait toujours gardé jusqu'à présent qu'il estime être son devoir de le rendre à l'occasion de quelque faux bruit que l'on fait courir sur ce sujet qu'il s'en voulait servir à mauvais usage, bien qu'on sache assez que ledit écrit ne peut servir qu'à lui. Il supplie Sa Majesté de le recevoir, déclarant n'en avoir eu aucun autre écrit que celui-là et n'en avoir retenu ni donné à autrui aucun extrait ni copie. » L'engagement était dans un coffre de cristal comme une relique, dit Giovannini parfaitement informé ; et il ajoute qu'il manquait trente lettres du roi, dont quelques-unes écrites de son sang où il renouvelait sa promesse et déclarait que le pape s'était engagé à annuler le mariage avec la reine Marguerite.

Après cette déclaration tout au moins singulière, un procès-verbal résume la réponse de Sa Majesté qu'après la remise de l'écrit pour la considération susdite, « elle n'y avoit aussy depuis pensé, ny estimé qu'elle eust aucun subject de s'en soucier », ce qui est, on l'a vu, le contraire de la vérité ; et qu'elle accepte l'écrit pour faire tomber tous les mauvais bruits.

A la suite de ce procès-verbal, inédit jusqu'ici, vient la promesse de mariage, datée du Bois-Malesherbes, le 1er octobre 1599, et qui est bien connue, puis la déclaration signée par d'Entragues, donnée à Paris le 11 juillet 1604, et affirmant que cet écrit est le seul qu'il tienne du roi et qu'il le lui rend en présence de témoins. L'acte se termine par un certificat signé de tous les témoins : Charles de Bourbon comte de Soissons, Henry de Bourbon duc de Montpensier, le chancelier de Bellièvre, Brulart de Sillery, de la Guesle, procureur général, Jeannin, de Neufville, conseiller d'Etat et Potier, secrétaire (1).

Cette restitution garantissait le roi des complications extérieures ; mais il fallait bien que justice fût faite, puisqu'on connaissait le fond du complot. La marquise fuirait avec son fils près de l'archiduc tant que le roi vivrait, et d'Auvergne, pressé par sa sœur et par d'Entragues, devait menacer les vies du roi et du dauphin. Il correspondait à cet effet avec les ambassadeurs d'Espagne et d'Angleterre. Comme Henri IV lui dépêchait d'Escures avec promesse de pardon pour l'attirer, il refusa. Cependant, croyant que Morgan, un conjuré anglais prisonnier à Vincennes, avait tout révélé et que la marquise en faisait autant, d'Auvergne se décide à livrer tous les détails à Henri IV, avant que le vieux d'Entragues ne parle lui-même.

La reine s'émeut enfin et intervient au nom du dauphin et de tout le royaume, avec une prudence et une fermeté inhabituelles, tandis que le président Jeannin déclare hardiment au roi que, s'il l'avait mis à la tête de l'affaire, il eût fait tomber la tête de tous ces gens-là. Le Béarnais ne l'entendait pas ainsi ; mais, sous la pression de l'opinion

(1) *Bibl. nat.* ms. fr. 4020 fº 153 vº = 155 vº. Pièces justificatives V.

publique, il dut en imposer à son caractère hésitant et trop enclin à favoriser la marquise, pour donner l'ordre de jeter en prison tous les conjurés.

Le comte d'Auvergne fut pris à Aigueperse et conduit à la Bastille ; d'Entragues, mené de Malesherbes à la Conciergerie ; la marquise, logée au faubourg Saint-Germain, y fut gardée par les archers du Chevalier du Guet. On découvrit chez elle force billets doux, tandis qu'en fouillant tous les papiers de Malesherbes, on y trouva d'intéressants documents espagnols, parmi lesquels trois lettres du roi Philippe à d'Entragues, à sa fille et à d'Auvergne.

Dans son interrogatoire, d'Entragues reconnaît bien qu'il eut plusieurs entrevues, notamment à Cléry, avec des Espagnols ; mais il nie qu'il y eût entre eux aucun traité. D'Auvergne dit la même chose et que, si on lui en montrait un seul, il signerait dessus son arrêt de mort.

Ce traité pourtant existait avec la ratification du *roi catholique*. Il était cousu dans une des basques du pourpoint d'Antoine Chevillard, trésorier général de la gendarmerie de France, cousin et confident très discret de la famille Touchet. Il jouait aux cartes avec Henriette, qui l'appelait familièrement : Papa Chevillard, lorsqu'il fut arrêté, puis traîné à la Bastille. Une fois en prison, il détruisit le traité dont il mangea peu à peu tous les morceaux avec les repas qu'il prenait. Ce fait est rapporté par son arrière-petit-fils, Amelot de la Houssaye (1). L'assertion est capitale, puisque le roi d'Espagne se faisait fort, si on lui livrait le jeune duc de Verneuil, de le faire reconnaître pour dauphin et successeur de la couronne de France. Il s'engageait aussi à lui donner des places fortes et une pension, ainsi qu'à d'Auvergne et à d'Entragues. Les papiers de Malesherbes suffisaient du reste à prouver amplement le crime de lèse-majesté.

(1) *Mémoires historiques, politiques et littéraires*, t. IV, p. 145.

Les accusés se chargeaient les uns les autres (1), surtout le frère et la sœur, ainsi qu'il résulte de leurs procès (2). L'attitude de la marquise fut altière et, selon son usage, effrontée. Elle craignait peu la mort et s'efforça tout le temps d'innocenter son père, ne demandant que trois choses : un pardon pour lui, une corde pour son frère et une justice pour elle.

Quels que fussent toutefois son stoïcisme apparent et son indifférence marquée pour l'amour d'Henri, elle lui écrivit encore une lettre alambiquée, dans le goût du temps. Son style s'y reconnaît et il y a tout lieu de la lui attribuer (3). Parmi les concetti auxquels elle se plaît d'habitude, on y sent une note vraie, susceptible au moins de toucher le cœur de son royal amant; c'est lorsqu'elle lui parle de leurs enfants.

L'Estoile a conservé aussi les *Stances faites du temps que la marquise de Verneuil estoit prisonnière* (4). C'est une pièce sans valeur, quoique fort longue où Henriette, sous le nom de Caliston, se plaint, mais espère en la douceur du prince Aristarque (Henri). Elle se met en tenue galante et va trouver Aristarque, qu'elle implore pour son fils, son père et son frère. Aristarque lui répond que, captive, elle ira victorieuse annoncer à tous le pardon;

(1) D'Entragues se plaint fort de trois ennemis de sa fille : La Varenne, Concini et Sigognes. Ce dernier passait cependant pour l'un des amoureux de la marquise.

(2) *Bibliothèque nationale*, manuscrits français :
Procès criminel du sieur d'Entragues, 18.436 ;
Procès criminel de la marquise de Verneuil, 405J, 18.436, 23 369;
Procès fait au sieur d'Entragues par le comte d'Auvergne, 16.550 :
Procès fait à la marquise de Verneuil par le comte d'Auvergne, 16.550.
Archives des affaires étrangères, France, 766 (1604-1606) : Procès criminel du comte d'Auvergne, de M. d'Entragues, de la marquise de Verneuil et de Thomas Morgan, Anglais.

(3) *Bibl. nat.* ms. fr. 6144, fo 27. Pièces justificatives IV.

(4) *Mémoires-Journaux*, t. XI, p. 173.

mais il veut se dégager des prisons de ses beaux yeux et jure fidélité à Junon (Marie de Médicis) (1).

Le 1er février 1605, le Parlement condamne à mort, comme criminels de lèse-majesté, le comte d'Auvergne et d'Entragues. Pour la marquise, il sera plus amplement informé; et, en attendant, elle restera enfermée au couvent de Beaumont-les-Tours. Dans l'après-dîner du 2 février, le conseil vote à l'unanimité l'exécution de l'arrêt; mais le roi remet la vie à d'Entragues et au comte d'Auvergne et délivre purement et simplement la marquise, par actes des 19 et 20 mars, puis du 15 avril. Enfin l'acte royal d'abolition, pour la marquise seule, est entériné le 16 septembre 1605 (2). D'après le caractère du roi, une pareille décision était à prévoir en faveur de la mère de ses enfants. On croyait bien qu'Henriette, la moins coupable en apparence, serait mise hors de cause; et Henri, cédant aux instances de sa maîtresse en faveur de son père, comptait à ce prix renouer ses amours avec elle. Quant au bâtard de Charles IX, le roi s'excusait en prétendant que son prédécesseur Henri III le lui avait fortement recommandé avant de mourir. Le public eut donc mille fois raison de soutenir que l'amour avait vaincu la mort, ce qui donna cours à une épigramme latine qui eut beaucoup de vogue parm.. les lettrés. L'Estoile la rapporte (3), et on la trouve avec quelques variantes à la Bibliothèque d'Orléans (4), la voici :

Lex et amor dubio Henricae de funerc certant,
Et voti causas reddit uterque sui.
Laudat amor formam, et molles commendat ocellos.
Lex scelus et miserae crimina nota refert.
Sub Jove lis pendet, tacitum qui pectore toto
Vulnus alit; victo judice, vicit amor.

(1) La pièce signée de Couilomby, de Caen, est aux imprimés de la Bibl. nat. 46, 35,817.

(2) On le trouvera aux pièces justificatives, VII.

(3) *Mémoires-Journaux*, t. VIII, p. 176.

(4) Ms. 424, p. 283.

D'Entragues fut exilé dans sa terre de Malesherbes et d'Auvergne oublié durant douze mortelles années à la Bastille. Il n'en fut tiré qu'au mois de juin 1616, par la régente Marie de Médicis, pour être opposé aux autres princes révoltés. Comme Turenne, plus tard, il devint un ferme soutien du trône qu'il s'était d'abord efforcé d'ébranler.

Le roi ne fut pas récompensé sur le moment de sa générosité. Henriette continuait ses bouderies, sous prétexte de dévotion, et la chaîne de leur amitié semblait à tout jamais brisée. Ils avaient d'ailleurs, l'un et l'autre, nous l'avons dit, contracté de nouveaux liens.

Les correspondances diplomatiques et les lettres missives ont certes révélé tout au long les faiblesses et les méprises du cœur de l'amoureux ; elles mettent aussi en plein jour les belles qualités du père, un père qui chérissait tous ses enfants « de droite comme de gauche » et s'occupait beaucoup d'eux, plus à coup sûr que leurs mères. A ce point de vue spécial, les billets d'Henri IV à la gouvernante, Mme de Monglat, sont d'une lecture touchante. Il l'engage, sur la demande de Mme de Verneuil, à sevrer leur fille, Gabrielle-Angélique de Bourbon, âgée de plus de deux ans. Il prie sa *sœur*, la reine Marguerite, de lui prêter sa litière pour un déplacement de son fils et en informe Mme de Monglat qu'il autorise à envoyer les enfants à la marquise, si elle le désire, et à la voir elle-même.

En juillet 1606, Gabrielle-Angélique étant atteinte de la petite vérole, Henri prescrit de l'isoler des autres enfants et recommande les plus grandes précautions. Cette indisposition fut peut-être l'occasion du rapprochement définitif des deux amants. Henriette d'Entragues s'émut en l'apprenant, et demanda congé pour aller voir et soigner la petite malade, ce qu'elle obtint facilement. Connaissant le cœur de cette femme, on a quelque droit de se demander, dans la circonstance, si son amour maternel parla plus haut que l'autre, et surtout que son intérêt. Le congé royal lui fournissait une chance inespérée de revoir Henri, qui la tenait encore sévèrement à l'écart, et de déployer à ses yeux tout son dévouement. Mais ne l'éloignerait-elle pas à tout jamais en s'exposant à une contagion bien redoutable pour sa vie et pour sa beauté ?

Tout fait croire, à son honneur, qu'elle risqua encore cette sérieuse partie, et que, même, elle la gagna. Dès le mois d'octobre 1606, en effet, la sénile passion du Béarnais, avivée par le souvenir, et bien que combattue par celle qu'il ressentait, sur le tard, pour la jeune princesse de Condé, pousse de nouveaux rejetons. Quoiqu'il écrive à la marquise : « Je vous aime plus que vous ne m'aimez, » le style du roi redevient gaillard et aussi libre qu'aux anciens jours. Son inguérissable folie le reprend donc pour le conduire jusqu'à la tombe. Encore, le 22 avril 1610, est signé un brevet par lequel Sa Majesté donne à la marquise de Verneuil l'abbaye de Saint-Avit, près de Châteaudun, au diocèse de Chartres, pour en faire pourvoir sœur Jacqueline d'Illiers, apparentée aux d'Entragues (1). Il mourait moins d'un mois après, le 14 mai 1610.

Nous avons dit, en commençant cette étude, que la vie intime du Béarnais n'a aucun rapport avec les grands principes de la morale; ce n'est pas affirmer qu'on n'en puisse dégager, en ces temps d'excessive licence, une morale, même très sévère. Entraîné toute sa vie par ses habitudes de royale débauche, Henri IV eut le grand tort, pour ménager sa maîtresse, de se refuser à prendre au sérieux les complots où des gens sans scrupule examinèrent froidement l'hypothèse d'un attentat sur la vie sacrée du souverain. Ces menaces, répétées et presque impunies, familiarisèrent

(1) *Bibliothèque d'Orléans*, ms. 435 *bis*, p. 198.

avec la pensée du crime et peut-être ne furent pas étrangères à l'odieux régicide où le bon roi Henri, à la veille d'accomplir son grand projet, rencontra sa fin tragique.

Ici encore, Madame de Verneuil semble avoir quelque responsabilité dans l'attentat. Un certain temps avant qu'il ne fût perpétré, la demoiselle d'Escoman dénonçait à quelques personnages de la cour une machination tramée contre l'existence du roi par Henriette d'Entragues et par le duc d'Epernon. Sully, pareillement averti, n'y prêta pas assez d'attention sur le moment ; mais on sut plus tard que la d'Escoman avait été jadis au service de la marquise (1). En 1607 déjà, l'on avait négligé l'avis d'un religieux de Montargis, affirmant au chancelier « qu'un grand homme rousseau natif d'Angoulême » projetait de poignarder le roi et pratiquait l'envoûtement sur une image de cire blanche. Or d'Epernon était gouverneur de la province d'Angoulême, dont le rousseau Ravaillac était originaire.

(1) *Histoire de France*, par H. MARTIN, t. X.

PIÈCES JUSTIFICATIVES

I

CONTRAT DE MARIAGE DE JEAN TOUCHET.

Samedi 29 juin 1549.

Au traicté de mariaige et par icelluy mariaige faisant de honnorable homme et saige maistre Jehan Touchet, licencié en loix advocat en la cour de Parlement à Paris, filz de honnorable homme Jacques Touchet, bourgeoys marchant d'Orléans et de Marguerite de Milbert, sa femme, à la personne de Marie Mathys, fille de feu honnorable homme Pierre Mathys, luy vivant marchant, demeurant à Vauchante, au pays des Quatre Mestiers en Flandres et de feue Andrée Crabbe, jadis sa femme; et avant les fiansailles des partyes, ne foy promise, comme elles disoyent ont, en la présence de Nicolas Rousseau, notaire juré du Roy, notre sire, en son chastellet d'Orléans, esté faictz, passez et accordez le traicté dudict mariaige, dons, douaire, promesses, convenances et choses qui enssuivent. C'est assavoir que ledict maistre Jehan Touchet, en présence, par l'advis, conseil et consentement dudict Jacques Touchet, son père, a promis et promect prendre ladicte Marie Mathys à femme et espouze ; laquelle, en la présence, par l'advis, conseil et consentement de noble homme M. Laurens Crabbe, son oncle maternel, docteur en médecyne, conseiller et médecyn du Roy, a promis et promect prendre à mary et espoux se Dieu et saincte Église se y accordent... (Douaire, 1,750 l. t.). Témoins : Jehan Brachet le jeune, seigneur de Frauville, Jehan Féron, licencié et Antoine Le Fèvre.

Étude Regnault, notaire à Orléans, — minutes de M. Rousseau).

II

PARRAINAGE DE CHARLES, BATARD D'ORLÉANS.

Le premier jour de mai mil cinq cens quatre-vingt et huict
fut née Marie-Charlote de Balsac et le premier jour de septembre en ce mesme an fut baptisée devant l'églisse de Sainct-
Michel, fille de François de Balsact, escuer et chavalier des
deux ordres du Roy, signeur de Antraques, Marcousy et
Malxerbe et gouverneur de Orleans et dame Marie, sa fame;
som parrain Charles monsieur batart de Orleans et grand
prieur de Franse, ses marrenes Katherine de Balsact et Char-
lote-Katherine de Balsact.

(*Premier registre d'état-civil de la paroisse Saint-Michel d'Orléans.
— 1571 à 1623*).

III

LETTRE DE Mme LA MARQUISE DE VERNEUIL AU ROI.

(Novembre?) 1600.

Je suis reduicte au malheur qu'un grandheur m'a naguères
fait craindre, Sire. Il fault que je confesse que je debvois cette
crainte à la connaissance de moy-mesme, puisque si grande
différence de ma qualité à la votre me menaceoit du changement qui me précipite du ciel où vous m'avez eslevée en la
terre où vous m'avez trouvée. Ce n'est pas, Sire, qu'en cette
cheute mortelle, je cognoisse avoir plus esté en ma fortune
qu'un mescontentement qui n'a rien de commun avec les
œuvres du sort, car ma félicité deppendoit plus tost de vous
que de la puissance du destin, auquel je ne donneray point la
coulpe de ma douleur, puisqu'il vous plaist qu'elle soit le prix
des joyes publiques que la France reçoit en votre mariage,
douleur à la vérité que je suis contrainte d'advouer, non parce
que vous debvez accomplir le vœu de vos subjects, mais parce

que vos nopces sont les funérailles de ma vie et qu'elles m'as-
subjectissent au pouvoir d'une cruelle discretion qui me bannit
de votre Royale présence et de votre cœur pour m'estre dores-
navant offensée des œillades desdaigneuses de ceux qui m'ont
veu au rang de vos bonnes graces, aymant mieux souspirer en
liberté en ma solitude que respirer avec crainte en bonne compagnie. C'est un honneur que votre gé érosité a nourrie et un
courage que vous m'avez inspiré, lequel ne m'ayant appris à
m'humilier aux infortunes, ny à leur faire joug, ne peut permettre que je retourne en ma première condition. Je ne vous
parle que par souspirs, car par mes autres plaintes secrettes,
Votre Majesté les peut sourdement entendre de ma pensée,
puisque vous connaissez aussy bien mon âme que mon corps.
Or, Sire, en mon exil misérable, il ne me reste que cette seulle
gloire d'avoir esté aymée du plus grand monarque de la terre,
d'un Roy qui s'est voulu tant abbaisser de donner les tiltres de
maistresse à sa servante et subjecte, d'un Roy de France desjà
qui ne recognoist que celluy des cieux et qui n'a rien icy bas
esgal à luy, qui m'estonne quand je considère, Sire, les splen-
deurs de Votre Majesté, je ne me puis trouver qu'avec peine
dans nos ténèbres, et me semble que ce m'est une prospérité
imaginaire d'avoir eu autrefois quelque part en votre bienveillance. Toultesfois, je suis par trop frappée au vif par vos dernières volontez pour m'arrester par cette fausse erreur. Et
mon souvenir m'esveille avec trop de violence pour sommeiller
en cet aggréable songe que il tiendroit plus advantageux que
la vérité de son object, puisqu'elle est quasi reduicte à ce
songe, mesmes cette faveur qui a esté et qui n'est plus en
mourant a estouffé l'espérance que je nourrissois sur votre
parolle. Que si c'est une action familière aux Roys de garder
la mémoire de ce qu'ils ont aymé, souvenez-vous, Sire, d'une
damoiselle que vous possédez avec ce qu'elle vous doibt naturellement, ce qu'elle ne pouvoit faire qu'en votre unique foy,
qui a eu autant de pouvoir sur mon honneur que votre Royale
Majesté sur la vie, Sire, de votre très humble et très obéissante
servante et subjecte.

(Bibl. nat., ms. fr., 2945, f° 94 v°. — Copie).

IV.

LETTRE DE MADAME LA MARQUISE AU ROY, LAQUELLE ESTOIT
PRISONNIÈRE

1604.

Peut estre que Votre Majesté s'offencera de voir hors de ma prison ceste lettre aprez avoir commandé de ne laisser pas sortir celle qui l'envoye. Mais puis qu'on permet ordinairement et mesmes aux plus coupables de dire ce qu'ilz désirent, je vous suplie, sire, avoir pour le moins agréable de me donner ceste liberté d'escrire en me plaignant au lieu de celle que je perdis en aimant. Je ne demande pas de me pouvoir justiffier avec des parolles, puisque mes actions passées rendent suffisant tesmoignage de mes desseings, et que votre jugement mesmes vous fait assez entendre mes justes raisons. Je requiers seullement qu'il soit loysible à ma douleur de vous faire entendre mes plainctes, et vraiment il est bien raisonnable, puisque Votre Majesté veut que je souffre ceste douleur, qu'elle endurera au moins que je la die, afin qu'elle puisse dire après que je ne l'aye méritée. Un temps fust que Votre Majesté recepvoit de moy des doux baisers au lieu des propos amers qu'elle recoit maintenant et des souspirs d'amour au lieu des sanglots d'affliction. J'estoys toujours collée à votre bouche et mieux encore à votre âme. Que si parfoys je m'en separois pour souspirer mes amours, mes souspirs vous estoyent les plus doux et les plus favorables qui puissent conduire au port la félicité la plus désirée; et si j'ouvroys la bouche pour vous dire quelque chose, il vous sembloit que le ciel s'ouvroit pour vous recepvoir. Mais tous ces contentemens passez se sont maintenant changez en degoustz presens; et je croys que je n'eusse jamais posseddé ce grand bien que je ne meritoys pas, sy ce n'eust esté pour souffrir aussy ce grand mal que je ne merite aucunement, et n'eusse jamais esté la plus heureuse de mon siècle sinon pour en estre la plus malheureuse; malheureuse véritablement, puisque je suys tombée d'un lieu si hault où l'amour m'avoit logié, sans

que mesmes l'amour déloge de ma pensée en aucune sorte;
Malheureuse, puisque les Cieux permectent que ma condition
se change encores que mon affection ne soit changée. J'aime
comme auparavant, je brusle avec autant d'ardeur qu'auparavant, mais non avec autant de félicité que je ressentoys avant
ceste derniere amertume, parce que celluy qui m'aimoit plus
que sa propre vie ne recherche a ceste heure que ma mort, ou
s'il ne la désire, il la cause. Que s'il brusle, c'est du feu d'un
violent couroux qui consume son amour et mon contentement.
Pleust a Dieu que ma vie demeurast aussy par mesme moyen
consumée, car quel plus rigoureux tourment pourrois-je souffrir que de n'estre pas aymée; et ne l'estant pas que d'estre
vivante, et estant en vie de mourir tousjours de regret de ne
mourir jamais. Et quel plus grand mal me pouvo.t arriver que
de ne voir esloigner mon âme de mon corps en mesme temps
que celle de Votre Majesté se sépare de la mienne. Ce sont les
peynes d'une faute où jamais je n'ay pensé, ce sont aussy (s'il
m'est permis de le dire) des preuves d'un amour qui ne fust
jamais connu dans votre âme, et je juge en ce changement que
vous n'eustes jamais de l'amour pour moy, ou que si vous en
avez eu qu'il n'estoit guères ardant, ou s'il l'a esté pour le moins
suis-je asseurée que ce cœur tant immuable aux dangers est fort
muable a son amour. Dieu veille qu'il le soit aussy en sa cho-
lère, et je croy que Votre Majesté le sera si vous balancez d'un
costé les effectz de celle qui n'a point de pareille en l'affection
qu'elle vous porte encores qu'elle soit haye, aux faux rapportz
et aux parolles mensongères de ceux qui luy veullent du mal.
Que si vous jetez l'œl sur voz petitz enfans, miens pareillement;
et qui nonobstant leur peu d'aage ne laissent pas d'avoir beaucoup de ressentiment de douleur entendant ma juste plainte et
l'injuste rigueur du ciel, avant que d'avoir cognoissance d'eux
mesmes, je croy que vous m'octroyrez la liberté pour l'affection
que vous leur portez, encores qu'elle soit desniée a celle que
vous porte la mère. Sire, vous avez part en eux et eux en ma
douleur, et puisqu'ils sont afligez en ma personne, il semble que
vous devez avoir compassion de moy en l'ayant d'eux, et par ce
moyen vous aurez pitié de vous mesme, puisque vous possédez

le nom de père, et d'aussy bon père comme de bon roy. La nature de ces enfans parle avant que leur langue et l'amour paternel vous doiht avoir requis de mon élargissement plutost que ma lettre. Et mesmes je diray que votre naturelle clémence est si grande que vous me devez dellivrer de ceste captivité afin de vous affranchir vous mesmes de l'ennuy que l'afliction d'autrui vous donne. Que si vous ne voulez pas que je doive ma liberté à mon innocence, pour le moins que ce soit à votre bonté, de mesme que je vous suis redevable de votre amour passée plus qu'à mon mérite. Ainsy, libre de la sorte, je seray plus esclave de Votre Majesté et beaucoup plus sa prisonnière lorsque je le scray le moins.

(*Bibl. nat.*, ms. fr. 6144, f° 27 v° à 29 r°. — Copie).

V.

OFFRE FAITE PAR LE S. DE BALSAC AU ROY DE LUY RENDRE L'ESCRIPT A LUY BAILLÉ PAR SA MAJESTÉ POUR LE FAICT DE MADAME LA MARQUISE DE VERNEUIL SA FILLE. — Texte de l'écrit et certificats.

1er Octobre 1599. — 11 Juillet 1604.

Aujourd'huy deuxiesme jour de juillet 1604, le Roy estant en la ville de Paris au logis du sieur Zamet, s'est présenté devant Sa Majesté Messire François de Balzac, sieur d'Antragues, chevalier de ses ordres et capitaine de cinquante hommes d'armes de ses ordonnances, et lequel luy a dict et remonstré que l'aiant cy devant supplié de luy octroier quelque escript qui peust servir pour l'exempter de blasme envers ceux qui le voudroient calomnier de ce qui se passoit entre Sa Majesté et Madame la marquise de Verneuil sa fille, et l'aiant receu il l'auroit tousjours soigneusement gardé jusques à présent qu'il a estimé estre de son devoir de le rendre à l'occasion de quelques faux bruicts que l'on faict courir sur ce subject comme il s'en voulloit servir a mauvais usage encores qu'il n'y ait jamais pensé et qu'il scache assez que ledict escript ne luy peut servir qu'à luy pour son contentement et à l'effect susdict, suppliant très humblement Sa Majesté le recevoir en présence

des princes et seigneurs qu'il voioit près d'elle, afin qu'ils soient
tesmoings de sa sincérité et la déclaration qu'il faict de n'avoir
eu autre escript de sadicte Majesté que celuy là, qu'il n'en a
aussy retenu pour soy ny donné aucun extrait ou coppie à
autruy, et si l'on luy a faict quelque mauvais rapport pour ce
regard qu'il luy plaise n'y adjouster aucune foy ; à quoy sadicte
Majesté a dict estre bien souvenante que ledict sieur d'Antragues
ne luy avoit demandé cet escript que pour la susdite considération, qu'elle n'y avoit aussy depuis pensé ny estimé qu'elle
eust aucun subject de s'en soucier, mais puisque l'on faisoit
courir tels mauvais bruicts comme si cet escript n'estoit d'autre
teneur ou substance qu'elle n'est au préjudice mesmes de l'honneur et fidélité qu'il doibt au roy, Sa Majesté a receu de bonne
part le debvoir auquel il s'est mis de le rendre avant qu'il soit
incéré de mot à autre au présent acte pour oster tout prétexte
à l'advenir à qui auroit mauvaise intention de changer ou
déguiser quelque hose en la vérité et substance d'y celuy.

Sensuit la teneur dudict escript.

Nous Henry quatrième, par la grâce de Dieu roy de France
et de Navarre, promettons et jurons devant Dieu en foy et
parole de Roy à Messyre François de Balzac sieur d'Antragues
chevalier de nos ordres que, nous donnant pour compagne
Damoyselle Henryete Cateryne de Balsac sa fylle, au cas que
dans sys moys à commencer du premyer jour du présant elle
devyenne grosse et qu'elle en acouche d'un fils, alors et à
l'instant nous la prandrons à fame et légytyme espouze dont
nous sollanyserons le maryage publyquemant et en face nostre
mère Sainte Eglise selon les solannytés au tel cas requys et
acoustumez, pour plus grande approbatyon de laquelle présante
promesse, nous prometons et jurons comme dessus de la raty-
fyer et renouveler cous notre seyn, yncontinant aprez que nous
aurons obtenu de nostre sainct Père le Pape la dysolucyon du
maryage d'entre nous et Dame Margueryte de France avec
permyssyou de nous remaryer ou bon nous semblera. An
tesmoyn de quoy nous avons escryt et syné la présante au Boys
de Malherbe ce jourd'huy premyer d'octobre 1599.

HENRY.

Nous soubzsigné François de Balsac sieur d'Antragues recongnoissons et certiffions que l'escript cy-dessus est le vray et seul escript faict par le Roy à nostre supplication et instance au temps et lieu porté par iceluy et depuis mis en nos mains, lequel nous avons présentement rendu à Sa Majesté en présence de Messeigneurs les Comte de Soissons et duc de Montpensier, Monseigneur le Chancelier, Messeigneurs de Sillery et de La Guesle, procureur général, et Jeannin, conseillers au conseil d'Estat. Faict à Paris l'unziesme jour de juillet 1604.

De Balsac.

Nous soubzsignez conseilers et secrétaires d'Estat de Sa Majesté certiffions ledict sieur d'Antragues avoir escript et signé de sa propre main la recongnoissance et certiffication cy dessus escripte; faict au lieu jour et an susdictz, en présence des princes et sieurs cy-dessus nommez, lesquels pour témoignage de ce ont signé ces présentes :

Charles de Bourbon, Henry de Bourbon,
Bellievre, de Neufville, Brulart,
Delaguesle, Potier, P. Jeannin.

Bibl. nat, ms. fr. 4020, fo 153 v°, à 155 v°. — Copie.

VI

VENTE DE L'ENFANT D'ARGENT

21-26 avril 1604

Le vingt-sizyesme jour d'avril avant midy à Cléry, Messieurs les venerables Doyen, chanoynes et chappistre de léglise collégial et chappelle royal Nostre-Dame de Cléry estans assemblez et cappitulans en leur chappistre, lieu, heure et manière accoustumé pour le faict de présent, Es personnes de Mes Claude Daniel, Claude Godeffroy, Gentien Percheron, Michel Chautier, Claude Choutart et Laurent Simon tous prebstres et chanoynes en ladicte eglise, faisant et représentant la plus grande et saine partie diceulx, recongnurent et confesserent avoyr ouy et entendu la lecture a eux faicte par ledit notaire (Pierre Plisson) d'un contract de bail passé par devant *Henry Peigné, notaire royal au Chastellet d'Orléans, le vingt-cinqyesme jour d'avril présent mois et an mil six cens quatre;* par lequel contract il appert vénérable et discrette personne Me Anthoine Cocher, doyen et chanoine en ladicte église et commis par lesd. sieurs de chappistre pour le faict du contenu aud. contract faict avec Hugues Poirier maistre orfebvre demourant à Orléans parroisse Sainct-Pierre-Empont, pour la quantité de treize marcz cinq onces d'argent qui luy ont esté baillez par led. sieur Cocher, lequel argent provient d'une lempe que deffuncte la royne mère du deffunct roy que Dieu absolve avoit présentée et donnée à lad. église et d' un enffant d'argent qui a este aussi presenté et donné par Madame la marquise de Verneil à lad. église ; lequel argent a este remis et baillé par led. sieur Cocher aud. Hugues Poirier pour employer a faire ung ansancier, deulx chandelliers, ung benoistier garny de son esmouchau et une bou ته pour mettre le pin a chanter, le tout d'argent blanc pour servir à lad. église Nostre-Dame de Cléry, et poisant le tout treize marcz et cinq ( ) onces d'argent le tout ainsy qu'il est contenu et declaré par led. contract, lequel lesd. sieurs ont eu pour agréable ratiffié et approuvé icelluy sans jamais y contrevenir faisant et satisfaisant par led. Poirier et au contenu d'icelluy contract. Promettant, etc. Obligeant, etc. Présens Jacques Proust clerc et Simon Boissart bedel à verge de lad. église tesmoings, ne scayt led. Boissart tesmoing signer.

(Signé) : Cocher, Daniel, Godeffroy, Percheron, Chautier
Chotart, Julin, Simon, Plisson.

(Minutes de Pierre Plisson, notaire et tabellion de fondation royale de la baronnerie de Cléry).

Les minutes de Henry Peigné sont dans l'étude Paillat à Orléans. Le marché dit que l'orfèvre Poirier s'engage à faire toutes ces choses pour la Pentecôte prochaine moyennant le prix de 75 lb. t.

« de laquelle quantité de treize marcs cinq onces cy dessus en a de
« nagueres esté faict par ledit Poirier une petite croix pesant une
« once par luy mise au dessus du ciboire de ladite église de Cléry. »
Ce marché n'indique pas la provenance des treize marcs cinq onces
d'argent.

VII

ACTE ROYAL D'ABOLITION EN FAVEUR DE Mme DE VERNEUIL.

16 septembre 1605.

Henry, par la grâce de Dieu Roy de France et de Navarre,
a tous présens et advenir, salut. Ayant esté bien et deuement
informez de ce qui s'est passé au procès faict par nostre cour
de Parlement, à la requeste de nostre Procureur Général au
comte d'Auvergne, le sieur d'Antragues et à la marquise de
Verneuil ; et que par son arrest du premier jour de febvrier
dernier passé ledit comte d'Auvergne et sieur d'Antragues au-
roient esté condamnez à la mort. Nous aurions faict surceoir
l'exécution dudit arrest et depuis par nos lettres patentes du
XVe apvril ensuivant commué cette peine à une prison perpétuelle, laquelle nous aurions adoucie pour ledict d'Antragues
en luy permettant de demeurer en sa maison du Bois
Mallezerbes ; et, pour le regard de ladicte Marquise de Verneuil
contre laquelle notredicte cour avoit ordonné par le mesme
arrest qu'il seroit plus amplement informé à la diligence de
notre procureur Général, et cependant qu'elle seroit menée et
conduicte soubz bonne et seure garde en l'abbaye des religieuses de Beaumont-près-Tours pour y demeurer, avons
pareillement commué sadicte demeure à celle de sa maison
de Verneuil, en laquelle ayant résidé depuis, selon nos voulloir
et intention, elle auroit estimé que depuis sept mois entiers
que ledit arrest a esté donné notredict Procureur général avoit
eu non seulement assez de temps pour rapporter nouvelles
charges contre elle, s'aucunes eussent esté, mais aussy que ses
déportemens et actions avoient donné à tous un ample

témoignage de son innocence et tel que personne n'en pouvoit
doubter. Et pour ce qu'elle n'avoit tant rien désiré que d'estre
justiffiée du faict dont elle est prévenue et nous faire voir sa
fidélité et obéissance qu'elle nous doibt comme aussy ne
s'estant mescognue en l'affection particulière dont nous
l'avons honorée, elle nous auroit faict supplier très humblement, comme elle faict, luy permettre se pourveoir en notre-
dit parlement pour requérir que bref délay soit donné à notre-
dit Procureur général pour parfournir son accusation et faire
ses preuves, et à faulte de ce qu'il n'y fust plus receu et elle
déclarée innocente des faicts à elle imposez se promettant que
notre bénignité, bonté et clémence ne trouveroit raisonnable
qu'elle passast le reste de sa vie en l'incertitude d'une telle
accusation et que son innocence fut exposée au péril de la
hayne et calomnie de quelconque qui auroit volonté de luy
nuire. Ce qu'ayant mis en considération et nous souvenant
aussy de l'amitié que nous luy avons porté et des enfants na-
turels qu'avons d'elle et estans suffisamment esclaircis
d'ailleurs de tout ce qui s'est passé en cet affaire en sorte qu'il
n'est besoing d'en rechercher aultre plus grande instruction et
lumière. Nous, par l'advis de nostre conseil et de nostre certaine science, plaine puissance et auctorité royalle, Avons
voulu et ordonné, voulons et ordonnons que toutes poursuittes
et recherches contre ladicte Marquise de Verneuil cessent
entièrement et que des à présent elle soit et demeure en toute
seureté et pleine liberté de sa personne et biens, tout ainsy
qu'elle estoit auparavant ledit procès encommencé ; et en tant
que besoin est ou seroit avons esteinct et aboly, esteignons et
abolissons la mémoire du crime dont elle a esté prévenue tel qu'il
soit ou puisse estre, sans aucune exception ou réservation ores
qu'il ne soit icy plus particulièrement spécifié, faisant inhibi-
tions et deffences à nos procureurs généraux présens et
advenir d'en faire aucune poursuitte ou recherche, en quelque
occasion que ce soit, ores ny pour l'advenir, leur ayant à ceste-
fin imposé et imposons silence perpétuel et à tous nos autres
cours et jurisdictions d'en prendre aucune congnoissance ; et à
cest effect avons mis au néant, pour le regard seulement de

ladicte Marquise de Verneuil, toutes informations procédures
et jugement à raison de ce faictz et donnez contre elle. Sy don-
nons en mandement à nos amez et féaux les gens tenans notredicte cour de Parlement d'enregistrer ces présentes et du contenu en icelles faire et souffrir jouir ladicte Marquise de Verneuil
sans l'abstreindre de les présenter en personne dont nous l'avons
dispensé et dispensons, nonobstant quelconques ordonnances
règlemens et lettres à ce contraires à quoy nous avons dérogé
et dérogeons par cesdictes présentes. Car tel est nostre plaisir,
et afin que ce soit chose ferme et stable à toujours, nous
avons faict mettre notre scel à ces présentes, sauf en autre
chose nostre droict et l'autruy en toutes. Donné à Fontainebleau au mois de septembre l'an de grâce MVI⁰ cinq et de notre
règne le XVII⁰, signé : Henry, visa, et sur le reply : par le Roy,
Ruzé, et scellée du grand scel de cire verde en double queue
sur lacqs de soye rouge et verde, requête par ladicte de
Balsac, présentée à ladicte cour afin d'enthérinement desdictes
lettres, conclusions du Procureur général du Roy sur le rapport
des présidens et conseillers députez vers le Roy pour aultres
affaires du commandement dudict seigneur sur la vériffication
desdictes lettres. Tout considéré, ladicte cour enthérinant les-
dictes lettres ordonne que ladicte de Balsac jouisse de l'effet et
contenu d'icelles. Faict au Parlement, le XVI⁰ septembre
mil VI⁰ cinq.

(*Bibl. nat*, ms. fr. 18.436 copie.

TABLE

Orléans. — Imp. Georges MICHAU et Cie

www.ingramcontent.com/pod-product-compliance
Ingram Content Group UK Ltd.
Pitfield, Milton Keynes, MK11 3LW, UK
UKHW020928120726
13693UKWH00003B/1200